你不知道的育儿之秘系列

你知道
跟一岁宝宝
玩什么游戏吗？

[德]莉泽·波林斯基 Liesel Polinski 著
袁亚妮 译

西苑出版社
·北京·

绿色印刷 保护环境 爱护健康

亲爱的读者朋友：

本书已入选“北京市绿色印刷工程——优秀出版物绿色印刷示范项目”。它采用绿色印刷标准印制，在封底印有“绿色印刷产品”标志。

按照国家环境标准（HJ2503-2011）《环境标志产品技术要求 印刷 第一部分：平版印刷》，本书选用环保型纸张、油墨、胶水等原辅材料，生产过程注重节能减排，印刷产品符合人体健康要求。

选择绿色印刷图书，畅享环保健康阅读！

北京市绿色印刷工程

图书在版编目（CIP）数据

你知道跟一岁宝宝玩什么游戏吗？/（德）莉泽·波林斯基著；袁亚妮译 . -- 北京：西苑出版社，2018.3
ISBN 978-7-5151-0636-6
Ⅰ . ①你… Ⅱ . ①莉… ②袁… Ⅲ . ①游戏课－学前教育－教学参考资料 Ⅳ . ① G613.7
中国版本图书馆 CIP 数据核字 (2017) 第 286436 号

你知道跟一岁宝宝玩什么游戏吗？
NI ZHIDAO GEN YISUI BAOBAO WAN SHENME YOUXI MA ?

出版发行：西苑出版社
地　　址：北京市朝阳区和平街 11 区 37 号楼 邮政编码：100013
电　　话：010-88636419
印　　刷：三河市嘉科万达彩色印刷有限公司
经　　销：全国新华书店
开　　本：880 毫米 ×1230 毫米 1/32
字　　数：178 千字
印　　张：7.5
版　　次：2020年7月第1版
印　　次：2020年7月第1次印刷
书　　号：ISBN 978-7-5151-0636-6
定　　价：42.80 元
（图书如有缺漏页、错页、残破等质量问题，由印刷厂负责调换）

序　　言

拥有幸福的人生，是每一位做父母的对初生的孩子最殷切的祝福与期望，而在成长过程中所发展出来的健康的身心以及健全的人格，将会为幸福人生奠定坚实的基础。

可是在育儿过程中，我们因为不了解而常常误读孩子发出的信号，因而提出的解决方案会在一定程度上影响孩子的发展。例如，对婴儿的哭泣，成人常常会按照自己的理解给他们贴上“不乖”、故意捣乱的标签。但其实真相很简单，只是因为孩子饿了，困了，尿了。我们会因为不了解孩子而简单轻率地对待他，因此导致他错过了许多关键发展的阶段。

我二十来岁的时候，住在对门的阿姨是一位著名作家，她有很多出国、出省交流访问的机会。她家有两个孩子，大的十来岁，小的一两岁。每次出去她却选择尽量带大的孩子。一次闲聊中，她说：“小的孩子这个年纪懂什么？带她出去，她又看不懂、记不住，挺浪费的。”这里要特别说明一下，这位阿姨并非重男轻女，大的男孩并非她亲生，小的女孩才是她亲生的闺女。虽然我记忆力不太好，可大概源于对这位阿姨的崇拜，她的这个观点却已深入我心。等到我有孩子的时候，这句话重又浮现在我的脑海中，不同的是，我开始重新审视它。

初为人母的我，仔细观察着怀中这个不会说话、行动有限的婴儿，我迫切地想知道，面对这个未知的世界，在每一分每一秒的时光流转中，他的内在到底发生了什么？我们这些“代际遗传”的传统的育儿经验和方法，哪些是在帮助他，而哪些却成为他发展的障碍？除了这些，我还需要为他做些什么？我还需要更多地了解些什么？为了这个被我懵懵懂懂地带到世界上的小生命，我愿意倾尽全力，担负起这份被命运赋予的责任。但我更希望，我能够拥有正确的方式。

想必有缘读到这儿的父母都是源于同样的想法，我想这一系列丛书也不会辜负你们这趟阅读的旅程。这套书是我三年前就从德国的众多育儿书籍中发现并决定引进的，我对幼教图书的要求非常明确：它既不能是枯燥晦涩的理论说教，也不能是那种特殊极端的“牛娃”养成经验谈。在我看来，作者一定要有医学、教育学、心理学等专业研究背景，文章要有大量的实践为基础，结论是有数据支撑的研究结果。而这套书籍就具备了这样的特点，它们的每一个观点都是建立在多年严谨的研究之上，都有着精确的数据和客观的实例支撑，是一套集医学、现代教育学、心理学、社会学于一体的育儿体系。

近十年的学前教育从业经验，让我有机会看到家长们和我当年相似的焦虑，更加深入地了解到了父母真正的需求。但是图书出版市场上的育儿类书籍鱼龙混杂，作为一位有着八年出版经验的出版人以及实体学前教育机构的实际运营者，有责任为父母挑选更科学、更专业的育儿读物。这套书籍不仅提供给父母可操作性的实用育儿方法，更从宝宝身心发展的各个层面深度剖析，将宝宝所呈现出来的行为、情绪等问题的原因以深入浅出的方式描述出来。

希望这套书没有辜负你们的期待，希望我们能够有机会继续帮助天下所有初为人母（父）的你们。

乔吟

2019 年 9 月 9 日

引　言

亲爱的读者朋友们：

借由这本书，我希望能够鼓励各位父母更多地参与到宝宝的成长发展过程中，有意识地去经历这个过程，并伴随他们共同成长。对此，我要强调的不仅仅是母亲的作用，尽管是她们主要承担起了照料与教育宝宝的重担。我的语境中还包含了父亲、祖父母、外祖父母以及其他所有陪伴婴儿成长的亲属。但为了表达简洁，多数时候我在书中仅直接提到母亲，还望各位父亲、祖父母、外祖父母及亲属们见谅。但我衷心希望，你们能在其中找到参与的感觉。

各位读者肯定已经知道，宝宝们会按照自己的方式，进行具有不同特点、不同速度的成长。也许您家宝宝的成长进程恰好与我所描述的略有出入，或是您又观察到，您家宝宝与邻居家宝宝有着不同的发展轨迹——但这都是十分正常的。

本书希望鼓励各位读者能够和宝宝进行更多的接触与联系，能够在宝宝的整个发展历程中为他们提供支持，但又给他们留有余地，让他们可以完全按照具有个体性的发展方式和发展速度成长。我期盼着：各位读者，您和宝宝能够至少每天留给彼此十五分钟的空闲时间——这十五分钟并非照顾宝宝的必需时间，而应当是相互亲近，并尝试书中所描述的各项游戏的时间。

二十五年来，作为一名社会工作者，我始终致力于解决父母在陪伴宝宝成长时出现的各种问题。我总是会不断地对新鲜的问题魂牵梦萦，例如，婴儿在认知上能达到怎样确切的程度？对他们的成长发展最有益的究竟是什么？又或者在一定的范围内，宝宝的真实意图究竟有哪些？在长期接触宝宝及其父母后，我认识到我们在工作中必须进行差异性的观察，要为宝宝增加新的情境，让宝宝参与到新的群体中，从而让宝宝与他人建立社会性的、密切的联系，来帮助宝宝从中不断学习新事物。

准确地察觉出宝宝的各种需求，并非是一件易事。但如果您能仔细观察您的宝宝，就一定能很快地学会如何理解他们的“语言”和其他表达方式。

呈现在大家眼前的这本书中，我给出的建议基本上以实践为导向。只有在对内容理解的确必要的情况下，我才会介绍一些理论背景知识。

本书以宝宝及其父母在不同年龄段的发展历程为标准进行划分。在书的开端部分，我会给年轻的父母介绍宝宝刚出生的普遍情况，并描述宝宝的各种现实情况与需求。接着，我将尝试着提出一些协调父母与宝宝需求的可能解决方案。

本书的主要篇幅集中在第二章和第三章中。我将向读者介绍关于“如何在宝宝的成长中正确陪伴他们并给予支持”这一问题的可能答案，并提供一些共同游戏的建议。通过进行共同的活动，您能够更好地了解您的宝宝，而您的宝宝也能够更好地认识您，这能够促使您和宝宝之间的共同玩耍、共同话语以及共同生活得到更好的发展。希望实际情况不会像最近的调查所显示的如今大部分的父母那样，每天只留出十分钟给您的宝宝。

布拉格亲子计划（PEKiP®）是一项针对未满 1 周岁的宝宝及其父母的群组福利工作。本书可作为已加入 PEKiP 小组活动的父母的指导手册，帮助他们在家查阅相关的游戏方法。此外，由于 PEKiP 小组并非处处都有，而父母对此的“求”常常远超过“供”，那么这些无法参加小组活动的父母至少可以退而求其次，通过阅读这本书，独自在家或是与其他父母一道，运用书中的游戏来陪伴宝宝们。

准确地说，本书的开端部分偏向于理论。如果您对此不甚感兴趣，或许您可以往后多翻几页，各式各样的图片便会出现在您眼前。您可以仔细阅读书中提到的刺激建议，这些部分均采用了醒目的标题，您可以和宝宝一起来尝试这些建议。希望您和宝宝都能够在这些共同游戏中收获快乐。

我的感谢之词要献给克里斯塔 · 鲁佩尔特（Christa Ruppelt）教授。正是因为他，我才逐步学习到了有关婴儿的本质内容，学习到了他们的成长发展，以及父母在伴随他们成长时的多种可能性。汉斯·鲁佩尔特（Hans Ruppelt）教授则通过他的科学研究为 PEKiP 的工作提供了坚实的支持，例如，有关“儿童间的交流联系”的课题，他为 PEKiP 发行了大量刊物。能够与这样一组对工作满怀热情的教育人士一道来推进这一计划，我感到不胜荣幸。对此，我还要特别感谢克里斯汀·屈内尔·克罗贝尔（Kristen Kühnel-Gröbert）与艾丽卡·罗彻（Erika Roch），她们给予了我撰写本书的勇气，并针对我的初稿提出了许多宝贵意见。

我还要感谢我的编辑伯恩哈德 · 舍德（Bernhard Schön），正是因为他，我才能够在考虑到新的科学发展水平后对该书进行再版。此外，他还在照片拍摄环节为本书提供了许多有力的支持。我也要感谢我的摄影师霍斯特 · 利希特（Horst Lichte），为了在皮内贝格的新教家庭教育中心取材，他在炎热的天气中挥汗如雨。我更要特别感谢 PEKiP 的父亲小组以及其他所有在周末带着宝宝前来参加活动的父母，有了他们，才有了本书中的照片。我真诚地向该新教家庭教育中心的部门主管马伦·科恩（Maren Kohn），该机构的 PEKiP 负责人克里斯汀 · 哈尼施 · 艾克特（Kristen Harnisch-Eckert）、皮娅 · 汤姆森 · 波斯（Pia Thomsen Poth）、玛蒂娜 · 克劳兹（Martina Krautz）以及安德里亚·索伦森（Andrea Sörensen）表示谢意，得益于他们，我们才能够在该中心顺利地进行照片拍摄。

我尤其还要感谢我的宝宝们。从他们身上，我学到了许多关于宝宝自身、关于如何与宝宝相处的知识，这也激发了我对儿童的关注，并因此获得了乐趣。我要谢谢我的丈夫对我一直以来的鼓励，他帮助我打消了疑虑，不被工作压力（包括我的公共关系事务，针对 PEKiP 负责人的进修培训，以及我所领导的 PEKiP 小组）击倒，顺利完成了本书的写作。

莉泽尔·波林斯基（Liesel Polinski）

布拉格亲子计划

（PEKiP®）

自从布拉格亲子计划在1973年开始运作，对该计划的需求便日益增加。直至2000年，已有超过2300名的女性PEKiP项目负责人和部分男性负责人接受了PEKiP培训，其中约有1600名仍在积极地活动中。在以该计划作为坚实基础的PEKiP小组中，父母可以带着自己的宝宝一起尝试各种游戏，共同成长，但对PEKiP小组的需求依然过大，可供父母申请的名额完全不够。

在本书中，我会详细描述PEKiP的目标与方法，并介绍超过100项刺激建议。因此，即使未能参加PEKiP小组，父母也依然可以有理有据地为自己的宝宝提供科学的成长支持。PEKiP会针对不同的宝宝提供不同的建议，并努力创造机会让宝宝尝试新事物，从而拓宽宝宝的行为范围。我们的方法包括对宝宝进行观察，促进亲子间的互动，为宝宝自由活动创造更多可能性，并因"宝宝"而异地推荐合适的游戏。

在全书各章节中，家长能够获得有关"如何与宝宝相处"的建议。我们鼓励家长与其他父母保持联络，以便就家庭情况与宝宝的成长发展等共同问题进行讨论。

在第四章里，您会获悉到有关PEKiP小组的信息，以及这项事业是如何逐渐起步的。PEKiP小组工作协会的行业标准，建立在各教育人士的长期经验和由汉斯·鲁佩尔特（Hans Ruppelt）教授（博士）和达娜·库巴尼（Dana Kubani）教授（博士）所领头的科学研究的基础之上。各个 PEKiP 小组均需达到这些标准——例如，小组内不可有过多参与者，因为参与者过多会成为宝宝的负担，宝宝在短时间内无法获得足够的休息。

- **布拉格亲子计划的目标**

1. 促进亲子关系

PEKiP 让父母与宝宝共同进行运动和游戏，一起产生愉悦感体验，帮助亲子间建立良好的关系。

父母能够获取相应的建议，并对他们的宝宝进行针对性的观察，从而更好地感受宝宝的需求，并做出相应的反应。

父母通过实践科学知识，增进与宝宝的关系，增强做父母的能力。该项群体福利工作始于宝宝出生后的第 4 周到第 6 周，会涵盖对婴儿 1 周岁内的成长支持。

2. 支持宝宝的成长发展

- 宝宝能够依靠自己来决定成长节奏、成长途径和成长目标。
- 运动游戏是一种强化的学习模式，宝宝可以按照自身能力和自身需求来决定游戏的方式。
- 及早获得与年龄段相适应的综合运动刺激和游戏刺激，有助于开发宝宝的优点，检验宝宝的能力。

3. 增强父母间的交流联系

PEKiP 为参与小组活动的父母提供了按照科学的理论和方法来敲定重要的教育决策的机会。在这里，父母与宝宝的相处经历升华为经验，这些经验又在交流中得到汇聚。父母能够依照不同的情境，根据相关经验，从而类推出以后的教育方法。

4. 推动（同龄）宝宝间的交流

PEKiP 为未满 1 周岁的宝宝提供了与同龄儿童相处的机会。在父母在场的情况下，他们能够建立起人生首个社交联系。父母们带着未满 1 周岁的宝宝定期进行会面，还能促使宝宝对其他成年人产生熟悉的感受。

● **PEKiP 小组工作的标准**

①一个 PEKiP 小组由 6 ～ 8 名成年人及他们的宝宝（尽可能同龄）组成。

②该项小组活动应从宝宝出生后的第 4 ～ 6 周开始，但也可能会出现宝宝年龄稍大些后才参与小组活动的情况。

③这项发展支持活动会贯穿宝宝整个 1 周岁的时间。

④每周的某个上午或下午，小组会进行一次为时 90 分钟的会面。其中，给宝宝穿、脱衣服也是这一小组会面活动中的一部分内容。

⑤在游戏时间内，宝宝都不必穿着衣服。

⑥小组活动要在面积足够大、环境足够温暖、四周足够清洁的场地内进行。

⑦ PEKiP 提供的刺激建议在小组活动中占有核心地位。这些刺激建议能够让宝宝有机会获得与其成长发展相适应的陪伴，并成功对成年人开展以行动为导向、与情境相结合的教育工作。

⑧使用各种玩偶 / 玩具作为演示手段。

⑨ PEKiP 小组活动还可通过其他形式的父母活动（如父母互助夜、父亲会面日等）得到补充。

⑩ PEKiP 小组要由经过认可的、拥有 PEKiP 证书的 PEKiP 项目负责人进行指导。

目录

目 录

游戏与建议

① 针对 1～3 个月的宝宝

- 宝宝呈俯卧姿势，父母给他的脚部施加（轻柔的）阻力
- 把手指递给宝宝，让宝宝紧紧握住
- 宝宝呈仰卧姿势，父母给他的脚部施加阻力
- 把宝宝侧身抱起来
- 如何抱宝宝——让宝宝靠在我们的肩头
- 如何抱宝宝——将宝宝抱在我们的腹部
- 如何抱宝宝——让宝宝仰卧在我们的臂弯里
- 如何抱宝宝——让宝宝侧卧在我们的臂弯里
- 如何抱宝宝——让宝宝趴在我们的手臂上
- 趴着和宝宝对话
- 让宝宝趴在我们身上
- 将宝宝放在小腿上
- 帮助俯卧的宝宝抬起头部
- 抚摸宝宝的脚
- 抚摸宝宝
- 通过抚摸，将宝宝的双手打开

- 让宝宝盯住我们的脸
- 让宝宝盯住他的玩具
- 上下移动玩具
- 打圈转动玩具
- 抚摸宝宝的背部
- 让宝宝踩踢水球
- 让宝宝踢撞水球
- 轻柔地给宝宝施加向左或右的拉力
- 帮助趴着的宝宝抬头
- 让宝宝躺在您的大腿上休憩、玩耍
- 将宝宝举过我们的头顶
- 让宝宝“理解”玩具
- 在绳子上挂满小东西
- 竖直抱起宝宝，让他朝左侧或右侧倾斜

② 针对 4 ~ 6 个月的宝宝

- 和宝宝聊天
- 鼓励宝宝在趴着时紧盯玩具、抓握玩具
- 把玩具摆在宝宝面前
- 让宝宝在您的大腿上跳动
- 让宝宝用手抓取水球

- 让宝宝坐在您的大腿上独立进食
- 让宝宝分开重叠的杯子

④ 针对 10 ～ 12 个月的宝宝

- 让宝宝采用跪姿，保持身体直立状态
- 让宝宝靠着父母，挺直身体
- 让宝宝在不同的表面上爬行
- 让宝宝在倾斜面上爬行
- 让宝宝在物体之间爬行
- 让宝宝在不同物体间穿梭爬行
- 和宝宝进行追赶游戏
- 让宝宝在爬行时伸手向上抓取物体
- 让宝宝在略有高度的平面上玩耍
- 让宝宝在台阶上爬上爬下
- 给起身站立的宝宝提供帮助
- 从站姿转变为蹲姿
- 将重心从一只脚转移到另一只脚
- 攀爬到更高的平面上
- 倚靠一面光滑的墙壁站立
- 借助椅子的横木爬上椅子
- 尝试独立站立

- 牵着一只手行走
- 宝宝独立迈出的第一步
- 和宝宝一同用餐
- 摆弄家里的日用品
- 说出物体的名字
- 撕纸
- 用水灌满容器
- 把东西放进碗里 / 把东西从碗里拿出来
- 尝试钥匙的用法
- 抓住炒菜勺子
- 将两块积木叠起来
- 将物体从开口处丢进去
- 将棍子插进洞里
- 将物体从大小刚好合适的开口处丢进去
- 将一个物品放进另一个物品里
- 玩耍空箱子
- 熟悉各种易碎品
- 给予和获取
- 将圆环或镂空的球体、圆盘、方块从棍状物体上穿过去
- 堆积木

游戏与建议

- 玩耍沙子
- 模仿
- 捉迷藏
- 将藏在罐子里的毛巾抽出来
- 用笔涂涂画画
- 重复单词，改变单词
- 观看儿童绘本
- 抓住小东西

1

全新的生活

对于新家庭成员的来到，年轻父母的心得体会总是相差无几的。他们几乎都认为：“和过去相比，我们的生活简直天翻地覆。那时从没想到过情况会是这样的。”

克里斯塔（Christa），一位28岁的牙科技师，在一次小组讨论中如实描述道：“我们一直都想要个宝宝。当我终于怀上宝宝时，我们真的很幸福。但现在，带了一段时间宝宝后，我真的说不准这是不是我想要的。一切都这么不同。”

很多经验报道和历史分析都表明，母爱并非是天生就有的。女性却被推向这样的神坛——人们认为女性必然是天生的母亲。

准父母通常无法切合实际地想象他们与婴儿的共同生活。

因为在自己的第一个宝宝出生之前，他们原本很少接触到小孩。正确理解宝宝发出的信号，对宝宝做出回应，这种为人父母的能力只有在经过复杂的学习后方能建立起来。因此，让成年人冷不丁地开始全身心地照料小孩，或多或少还是显得有些突然。他们时常会在这样一种新的生活状况中感到不安和孤独。

伊娃（Eva），一位32岁的女会计，悲伤地讲述道：“早在我们第一个宝宝出生之前，我和我丈夫就已经达成了一致——他跟我一样，有着同样的、想参与到宝宝的事务中的热情。宝宝出生后的头两周，他的确请了假，我们一起完成了这次生活转型。但等他又返回岗位后，他却表现得越来越退缩。他宁愿去购物买东西，也不愿意照顾塞布丽娜。”

第一个宝宝的出生，通常会带来传统的角色转变，基本上都是母亲放弃或中断自己的职业生涯。

就连那些原本平等分摊家务的夫妻，也仍然沿用着这种传统的角色扮演模式。父亲大多通过上班保证家庭收入，从而履行自己对家庭的责任。而如果一位女性决定要重返岗位，那么这对她就意味着时间上的压力和不得不缩减自己兴趣爱好的双重负担。

吉泽拉（Gisela），一位34岁的社会福利工作者，在一次家长会上谈道："如果父亲和母亲能够共同照料小孩，一人分担一半的育儿工作，这当然是很理想的。这样的话，雇主就不可能认为只有雇用男性职员才能够保障其工作具有持续性，因此育龄女性则会获得更多进入领导层的机会。这也是对未来的一种设想。但这条道路实在太漫长，有时候我甚至会感觉到，和过去几年相比，现在的年轻父亲们越来越少以家庭为中心，越来越少为家庭付出了。"

如果女性始终认为自己对家庭有着超出水平线的责任，但和男人相比，她们却只能接受更差的教育，拥有更少的职业机会，收入也越来越少，那么上述想法就无法实现。在此，我们又绕回了原点。大部分没有工作的妈妈们，总是过着家庭妇女那日复一日的单调生活，相比家庭妇女和母亲的角色所带来的负担与缺点，她们其实更多地在忍受家务事的低效率、伴侣沟通的不足、自信感的缺失以及心理和财产上的不独立所带来的苦楚。积极的感受应当是这样的：她们更加独立、自主地生活，能够和他人建立更多的联系，她们与宝宝更亲近，能够更好地照顾宝宝。

对许多父母来说，照顾小孩这件事所耗费的时间、带来的负担比经济上的限制更重。年轻的父母不得不花费大量时间在宝宝身上，他们空闲时间的安排也发生了很大改变。

“我们以前周末很少待在家里。我们两人都会去做运动，有时候一起，有时候各玩各的。我们也很爱去看电影，或者找朋友玩。但现在，由于我们的朋友几乎都没有小孩，他们根本无法理解为什么我们晚上不能说走就走了。”（伊夫林，31岁，保险公司职员）

父母原先的社交活动减少甚至完全搁浅。他们现在想要的是能够交换关于宝宝的担忧、焦虑和各种实际的日常问题以及其间的乐趣的那种朋友。一旦宝宝出生，夫妻关系会出现本质改变，而他们对此常常并不满意：在第一个小孩出生后，父母会经历某种“冲击”。

对夫妻来说，最困难的事情是如何让宝宝融入他们的二人生活。

随着宝宝的“入侵”，夫妻的亲密感会发生变化。但是，这些异样的感受也可以成为一个很好的起点，它能够帮助夫妻拓宽自己的身份认同，并加强其伴侣关系。

“周末曾经是属于我们两人的。我们睡个懒觉，做点有意思的事情。但现在大为不同了。不管是周六还是周日，半夜还是清晨，都得给宝宝喂奶、换尿布，每一天没什么不同。我们的一天再也没法从从容容地开始了。这让我相当困扰。”（格尔德，33岁，计算机科学家）

伴侣双方或许会把这种变化视为某种幻灭。亲密的关系，彼此的关怀，现在退居次要地位——尽管这两者在此时才恰好格外重要。新生儿必须时时刻刻从监护者那里获得关注，这样他们的需求才可以得到满足。

对母亲而言，她们能在哺乳时和其他对宝宝的照料中感受到温暖、身体接触和愉悦感，于是她们与伴侣的性生活成了其次。女性也会因为分娩带来的身体变化而感到不安。她们的乳房变得过分敏感，她们的阴道由于激素变化而变得干燥。普遍来说，年轻母亲在宝宝出生后的第一周里性欲都很低。此外，父母在亲热时内心会感到紧张，因为说不定他们正在亲吻的时候，宝宝就突然发出了尖叫声。相较于女性较为冷淡的反应，男方则相反。在女性妊娠和分娩后，他们仍希望和妻子进行“正常”的性生活，但他们的伴侣大多数时候只围着宝宝转。随着父母与子女在相处过程中的安全感逐渐提高，夫妻的伴侣关系和性关系会很快重新归位。那么，这个时期宝宝的感受是怎样的？是充实还是困扰？这取决于他们环境中的不同因素。比如，生宝宝确实是计划之中的吗？宝宝的父母是否都承担起他们的家长角色？父母自己的童年是如何度过的？在妊娠期间是否出现了某些意料之外的困难？基本上，大部分准父母都天真地以为他们的生活不会因为一个宝宝而发生根本性的改变，但他们现在却不得不艰难地学会适应新的生活现实，这种现实带来的是一堆又一堆的新要求。

在宝宝出生后的第一个月里，让生活顺利转型是最重要的事情。

一开始的亢奋逐渐变成了消沉。但重要的是，父母要理解并且接受这样一个事实：一种感受的存在，并不意味着否定另一种感受。做父母的体会并非是一元的。父母一方面能够感受到自己对宝宝的深深爱意，并且十分享受与宝宝共度的时光；但另一方面，他们会感受到不安和惶恐，要么感觉自己受到了宝宝的束缚，要么觉得自己在许多事情上力不从心。

1.1 母亲的职业生活

在东欧国家，有一点早已得到普遍认可——拥有一个固定的监护人对婴儿很重要。许多被托管在幼儿园的婴儿都表现出了情绪上的缺陷。所以早在 20 世纪 60 年代，捷克斯洛伐克的母亲们就已经可以获得长达一年的育儿假。德国从 80 年代起，那些有意愿陪伴宝宝的父母也能得到合法保障，可以申请休育儿假。这种保障也有自己的两面性，一方面，它是一种进步；另一方面，许多母亲却在育儿假结束后失去了她们的职业身份，或者说她们从一开始就并不满足于待在家陪小孩，她们更希望去工作，但伴侣必须上班来赚取足够的家庭收入，因此她们只好让步。这项近年来才开始风行的概念——育儿假——它总是让我感到哭笑不得。因为“育儿”这件事和“度假”风马牛不相及。因此，这个概念在 2000 年被“父母假”这个概念所替换。

我们并不能通过“母亲是职场女性”来判断母子关系的质量与类型。同样，“每天在家陪伴”也不能体现出亲子关系的质量。在亲子关系中起决定性作用的是这样一种意识：**在扮演“父母”的新角色时，所直面的对象是谁（即宝宝本身）。**

“从我儿子托马斯一岁半开始，我又重新开始在周末指导研讨会课程了。托马斯则由他爸爸来照看。一开始的时候，我还有点不放心，担心他俩能不能好好地共处。但现在，我发现他俩之间的关系亲密多了。对我来说，这件事最大的好处就在于：回家对我来说是件开心事，我能够满怀亲近与欢欣地继续照顾我的宝宝。”（莉泽尔，30 岁，社会工作者）

对宝宝的社会和心理成长发展而言，最重要的不是“母亲”这个人陪伴他的时间长短，而是母子关系的亲密程度。比起那些浮于表面的、可量度的家庭状况特征——母亲是否在职，更能体现母子关系质量的应是母子共情的程度，以及母亲所做出的反应程度。如果宝宝必须由陌生人进行照料，那么在母亲留他们单独相处之前，一定要先让宝宝逐渐了解这个事实，并从中感受到安全感。

当您面临着是否要返回工作岗位的抉择时，您应该（和伴侣一起）仔细思考几点问题：

- ☑ 我是否能把我的母亲身份与我的职业结合在一起？
- ☑ 我的伴侣对于我有什么期望？
- ☑ 我的伴侣是否有意愿且有能力承担家务工作和育儿的任务？
- ☑ 我是否相信我的伴侣能够圆满地完成这些任务？
- ☑ 努力回到工作岗位后会对我和伴侣间的关系有哪些影响？
- ☑ 我有没有准备好搁置或限制自己的私人需求？

☑ 还有其他可靠的监护人可供我纳入照顾宝宝的人选吗？

1.2 父亲的意义

一直到 20 世纪 70 年代，母子关系都始终是发展心理学研究中最受重视的部分——至少对 0 ～ 1 岁的宝宝来说是这样的。不过，近年来这种情况有所改变。过去几年开始有研究强调父亲在儿童发展中的重要意义。“父亲”这一角色现在得到了更广泛的理解，在传统的父系秩序和“男子气概”不再普遍适用的情况下，这一角色也得到了与以往不同的塑造。

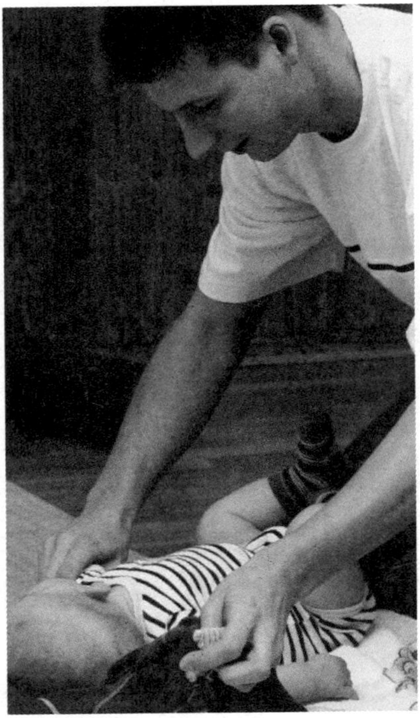

最近这些年来，人们常常提到**“新派父亲”**一词。老派的父亲角色越来越不具有适用性。对这些“新派父亲”而言，和伴侣一起经历宝宝的出生、独立地照顾宝宝，都会成为他们宝贵的人生经历。经常有父亲前来参加 PEKiP 课程，或者说他们只要有时间就会来。

要在社会中寻求一种新的对“父亲”角色的理解，仍然具有一定难度，因为这个领域还缺少一些理论基础，更少有适用的实践经验。各个社会层次和一代又一代对“父亲”的定义都有着相左的、难以统一的想法，而他们也的确有着不同的表现。对于自己和父亲的社会联系，婴儿有着很强烈的需求。

父亲在过去的研究中总是“缺席”。

从 1970 年开始，父子互动得到了越来越多的关注和分析。父亲与母亲对新生儿投入的精力，有着不一样的侧重点。父亲更专注于视觉，更爱与婴儿嬉闹。他们与婴儿说话，模仿婴儿，并通过身体刺激来与婴儿进行游戏。有趣的是，父亲不怎么积极参与给婴儿喂食、照顾婴儿的活动。

父亲做出的贡献，主要是帮助婴儿适应有多人参与的社交情境。覆盖各种文化的研究均表明，**如果父亲能够积极地参与照料和教育宝宝，宝宝会对陌生环境和陌生人有更好的适应性。**

男人总是认为，自己应当负责育儿过程中的“宏观”（原则性的）内容。仅有不到一半的父亲愿意和妻子一起承担宝宝的具体教育任务。

很多父亲都总是把自己的下班时间和空闲时间安排得满满当当，只有等夜幕降临，宝宝即将入睡时，他们才心血来潮地前来照顾和陪伴一下宝宝。

1.3 婴儿的需求

婴儿一出生，就已经是一个小小的个体，他们能够通过不同的方式表现出各种行为特征。一个宝宝看起来兴致勃勃，而另一个可能安静嗜睡。一个宝宝温顺柔和，而另一个可能活泼伶俐。对于有些宝宝，我们很容易就能察觉他们的感受，理解他们的需求；但另一些宝宝，他们则需要更多的、持续的关注，而不是父母一时的心血来潮。

“卡丽娜刚出生，还躺在医院的时候，每次只要门被打开或者房间里有人说话，她就会变得很不安、虚弱。这一点就算在家里也没有什么改变。只要她睡着了，或者想睡觉的时候，我们就得放轻我们的动作，免得发出噪声。”——卡丽娜是个对吵闹声敏感的宝宝。

这种需求必须得到父母的严肃对待，这样宝宝才能有足够的时间来适应家庭生活。而宝宝对于入睡的需求也是各不相同。有些宝宝显得相当累人，他们只有在被抱着走来走去的时候才能睡着。对这些宝宝来说，母亲是入睡环节中必不可少的一部分，因为他们要靠在她的胸口才能安然睡着。而另外一些宝宝，只要母亲或父亲给他们唱了一首安眠曲，或者抚摸着他们、跟他们低语，他们就能够入睡了。对其他一些宝宝来说，只要妈妈的气味伴在身旁，就有助于他们的入睡。针对这些宝宝，您放件穿过的T恤衫在他们的小床上就好了。或许还有一些宝宝，他们需要完全遮光的房间，才能更好地进入梦乡。很多宝宝会在睡前大声哭闹，从而释放其内心的紧张与恐惧。

玛丽安娜（35岁，医生助理）这样说道：“我女儿艾琳娜总在入睡前哭泣，最长能够持续5分钟，直到她完全睡着。刚开始的时候，她一哭我就把她抱起来，尽管我知道她真的已经累了。但每次等我再把她放回床上，她会哭得更厉害。这时我才发现，把她抱起来会更加激怒她。我只好心情沉重地观望着，结果没过多久，她的尖叫就戛然而止，然后睡着了。情况总是这样，她的哭叫大概会持续3～5分钟。”

如果仔细观察婴儿，我们能够发现两种不同的睡眠状态和一个过渡时间段：处于**安静的睡眠状态**时，婴儿的脸部是放松的，他们的眼皮合拢且基本静止。除了极少时候的眼皮运动和嘴部活动，他们的身体都是不会活动的。他们处于完全的安宁之中，均匀地呼吸着。处于**活跃的睡眠状态**时，婴儿的眼睛通常也是闭合的，但偶尔会发生眨眼活动。婴儿可能会运动手臂、腿，有时候甚至是整个身体。他们的呼吸并不均匀，相较于安静的睡眠状态，其呼吸显得更为急促。宝宝脸上会做出一些奇怪的表情，他们发笑、皱眉，然后突然做出咀嚼活动和吮吸活动。这个状态会有规律地每隔30分钟重复一次。在婴儿清醒前，通常进行的都是活跃的睡眠状态，而非安静的睡眠状态。

昏昏欲睡的状态通常被认为是睡眠和清醒状态之间的过渡状态。

就连醒来这一件事，宝宝也有着许多不同的需求。一个宝宝可能会马上开始尖叫，他希望在睡觉经历的漫长独处时间后，能有人赶来身边陪伴他。另一个宝宝在醒来后，则可能会先静静地躺在他的小床上，自顾自地嘟嘟囔囔，直到他希望回到社会生活中去。类似的还有在安慰宝宝的时候。许多宝宝只要被抱起来就足够了，而另一些宝宝还需要强烈的、更持久的关怀。他们希望能够被抱着走来走去，这样才能变得平静。

在各种活动中，我们能够察觉到宝宝的情绪和意识状态，即他们的**行为动机**。当您随着时间的推移越来越了解您的宝宝，您会发现一些细微的差异，它们代表了宝宝的不同需求。

“我的二女儿很少哭，就算饿了也不会哭。她只是会变得不安，然后使劲地手舞足蹈。这样我就能知道，现在是该喂奶的时间了。”

这位母亲正确地解释了宝宝的表现，迅速地理解了宝宝，那么宝宝也就不用继续释放更强烈的信号了。

我们的宝宝为什么活动，为什么这样活动？

- ☑ 他是累了吗？
- ☑ 他是饿了吗？
- ☑ 他无聊了吗？
- ☑ 他的适应能力强吗？
- ☑ 他好动吗？
- ☑ 他有哪里疼痛吗？

在饮食方面，宝宝也会表现出差异。一个宝宝可以一口气喝完奶，还能消化得很好。而如果尝试让另一个宝宝也这样做，那他的肚子可能会痛，因为他往胃里吸进去了太多空气，他只好先打嗝，然后才能继续喝奶。而有的宝宝可能会慢慢吮吸，一直保持稳定的速率，或是偶尔停下来看看妈妈。

有些婴儿会受**腹绞痛**或其他不适的折磨，罪魁祸首可能正是他们尚未成熟的消化系统。这些婴儿必须得到相应的照料。饮用茴香茶或让他们做运动通常可起到帮助作用。但有的婴儿却只有在趴着睡，或以俯卧姿势被抱着时，腹部疼痛才可得以消除。对腹部进行按摩是有好处的。许多宝宝很喜欢裸着身体手舞足蹈。在母亲的帮助下进行蹦跳活动，通常也能抚慰不安的宝宝。另外，“婴儿腹绞痛”并没有万能药，我们的建议也常常并不奏效。这时候，要请您首先告诉自己，宝宝的疼痛是会消失的，并想方设法先让自己冷静下来。一点小小的安慰是：爱哭的宝宝有糖吃（他们势必获得更多关怀，从而成长得更加良好）。

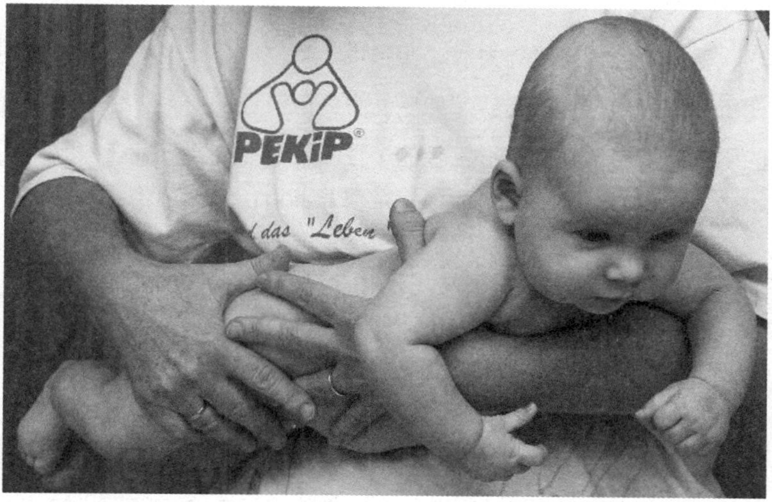

宝宝不断哭泣的原因通常在于他们自己。他们的表情、手势和声音，更多的是因为自己，而不是因为你。因此，要在这种时候了解到他们的不同需求会更加困难。

当宝宝感到疼痛，或是由于其他原因而哭泣时，请您问问自己：

- ☑ 我的宝宝现在对什么最感兴趣？
- ☑ 我要做什么来帮助他？
- ☑ 我要怎么做才能让他注意到我，从而让我们之间产生交流？

或许您注意到，说一些安慰的话语，唱一首抚慰的歌曲，似乎能够帮助宝宝分散一些注意力。您开始轻哼一首宝宝一直喜欢的歌谣，您把宝宝抱起来，注视着他，低声细语，从而引起他的注意。将宝宝以俯卧姿势抱起来，并且轻轻地按摩他的腹部，通常也会起到一定作用。

就算您经过一番努力后，宝宝也没有立即停止他们的哭泣，但让宝宝感受到您的亲密、您的感同身受以及您的努力，是一件很好的事情。请您试着去接纳宝宝的个性和特点。如果您实在对宝宝的尖叫忍无可忍，或许可以找个帮手，或许可以干脆把宝宝交给您的丈夫、宝宝的祖父母或您的朋友，交给认识宝宝而且乐于照顾宝宝的人，让他们接手一段时间。如果您因为分娩而身体虚弱，感觉照顾宝宝力不从心，那么也请您尝试这样做。在这段不需要带宝宝的时间里，您可以重新积蓄新的能量。

但您并不会因此就成了糟糕的父母。您的宝宝不是“邻居家的宝宝”，不是经过漫长试镜而选出来的电视广告模特那样的“乖宝宝”。每个宝宝都是不同的，也许您只是看到了邻居宝宝最好的一面。或许您可以试着与其他的父母交流一下你们的自我怀疑，聊一聊你们常常不想要照顾宝宝的情况。这时候，你们一定会发现彼此都有相似的体会，就像我们在 PEKiP 小组中一直以来的情况，只要有一位监护人开始诉说，几乎同时，其他的父母也抱怨起了他们的疑虑和不安，并且反省自己是否尽职地照料好了自己的宝宝。通过这样的交流，希望事事都为宝宝考虑周全而产生的压力能够有所减轻。

我们是否万无一失？

新的研究观点显示：

☑ 父母要充满信心，相信自己能在与宝宝相处的过程中做到万无一失。

☑ 父母要提供给宝宝所需要的各种信息。

☑ 当我们同宝宝讲话时，我们要做到全神贯注。如果我们的眼神飘忽，他们的兴趣也会随之减弱。

☑ 父母和宝宝进行亲密对话，告诉宝宝自己多么需要他。

希望这些观点能够鼓舞您按照本能、按照自己认为的正确方式来对待宝宝。

若您的宝贝哭个没完，那并非是您的过错。您只是需要去发掘他当下的需求，然后对其做出相应的反应。要知道，总有一些宝宝比其他宝宝更爱哭一些。婴儿的有一条需求一定要引起我们的重视，那就是他想和我们进行“玩耍”的需求。要是我们没能注意到这一点，婴儿会变得无精打采。但婴儿对于获得“关注”的需求也存在着差异。有些宝宝想要的是短时间内集中的注意力，而有的宝宝则享受躺卧在我们身旁，聆听我们的声音。还有一些宝宝则会由于我们长时间的关注而不堪重负，他们会表现为避开眼神接触，转开头部。另外，还有一些宝宝无法从单纯的玩耍中获得足够的满足。

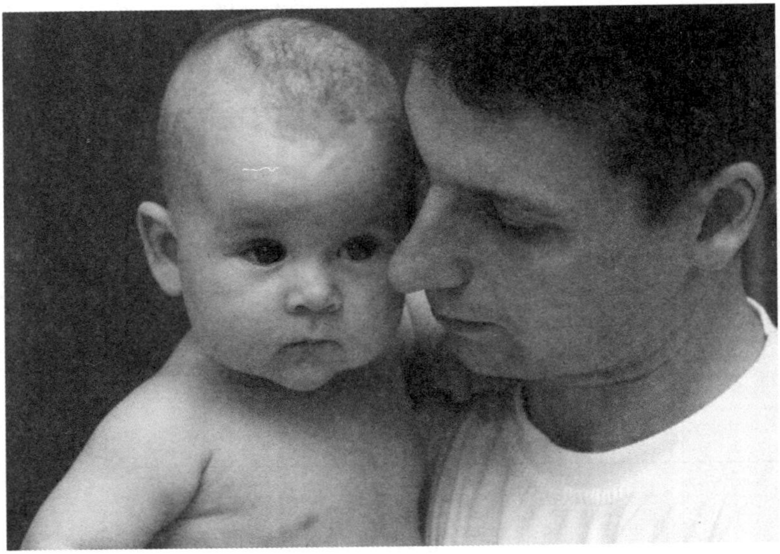

大多数宝宝都有通过不同的声音、手势和表情来与不同人进行交流的需求。在宝宝的愿望中，他们对于亲密程度和身体距离的需求也不一样。非要勉强一个不愿意亲亲的宝宝和你亲吻是很困难的。不过大部分宝宝都喜欢得到爱抚。若您的宝宝患有新生儿痤疮、神经性皮肤炎或其他皮肤疾病，请您别害怕，一定要温柔地抚摸他们。

随着时间的推移，您会越来越了解宝宝对于皮肤接触和亲密程度的意愿如何。请您千万要明白：您并非过分娇惯您的宝宝，而是在满足他的需求！宝宝在以后的成长发展过程中，总会从不同情境里了解到，他的需求并非总是、并非马上会得到满足。

1.4 寻求一致

“当我家斯薇亚还很小的时候，她一哭，我就马上给她换上新尿布。因为我妈妈常常跟我说，婴儿不喜欢湿湿的尿布。但我观察了好些天后，发现斯薇亚的问题不在尿布上，因为换了干净尿布后她也照样哭。我再继续仔细观察，发现她哭的同时会蜷起身子。我便开始给她按摩肚子，她也就放松下来，停止了哭泣。”

作为父母，**了解婴儿的需求，评估他们的需求并做出应对**，是非常重要的一部分内容。互动起始于婴儿的本能行为，而监护人则应立即对此做出反应。如此便产生了一种不断重复，或是随机改变的对话。确定这种交流进程的是宝宝，应该由宝宝决定对话是否停止。这样，宝宝会对下一次“谈话”翘首以待。

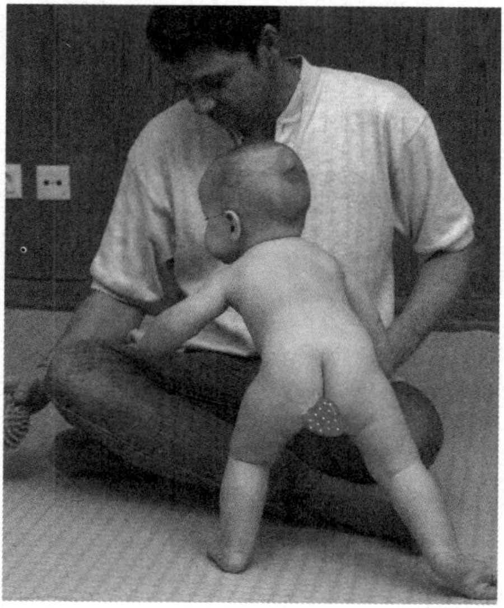

要想建立亲子间的良好关系，一定要重视宝宝的反应。宝宝与母亲间的眼神接触就会对此起到重要作用，哺乳喂养也能促进母子间的亲密关系。平时，在宝宝清醒的时候不断和他们进行交流是很重要的。大部分宝宝从出生起就有不止一位监护人。一个与父亲保持着亲密交流的宝宝，他会很乐意和父亲一起玩耍。

但父母双亲在亲子关系中通常有不同的侧重点，那么就有可能会出现这样的情况：宝宝乐意和爸爸一起玩耍，但更喜欢让妈妈哄他入睡。

很多母亲都不得不花费整天的时间陪伴在宝宝身旁，而自己鲜有自由空间，她们因此而备感苦恼。或许您该给自己放个假，从您的“24 小时营业”的工作中解放几个小时。尽管您整天都待在家里，但您通常还得忙着家里别的家务事，没法一直照管宝宝。那么这时候您就需要和您的伴侣谈谈您的处境，并且放心让他照料宝宝一段时间，任由他在照料宝宝的过程中做他认为正确的事情。

“我丈夫刚开始给妮可换尿布的时候，宝宝总是在很短时间里就又弄湿了，因为他在换尿布这件事上不算太熟练。那时候我总是跟他说这个问题，但是我发现他有点失去信心而退缩了，这样我就没有再多说了。现在，我丈夫包尿布的技巧已经和我一样好啦。”（安克，28 岁，儿科护士）

一个婴儿要良好成长，就需要：

- ☑ 足够的照顾。
- ☑ 持续的关注。
- ☑ 来自熟人的多方面（刺激）促进。

作为父母，您对宝宝的重要性不言而喻。您要不断地体会并了解他们的需求。您会越来越频繁地正确理解他们释放的信号，并按照他们的需求行事。如果您的宝宝想要的是别的东西，他会向您表达出来的。若是这种“双边关系”的进展不怎么顺利，您可以这样安慰自己：没有哪个父母总是能做出正确的反应。

夫妻双方携手共同应对好劳累的第一个月，会成为你们的伴侣关系和年轻的家庭的一个新起点。通过与其他类似处境的家庭进行沟通，你们彼此间可以相互提供支持。在 PEKiP 小组，类似的问题和境况总能让参与者敞开胸怀，进行一番探讨。有时候，您也应当自己去寻求支持，寻求片刻的解脱。或许您有一个和善的女邻居，她能够替你分担些许家务，或者她可以带宝宝出去遛弯。又或许您很幸运，宝宝的祖父母住在附近，他们能花时间来照顾宝宝，并且很可能已经与宝宝建立了情感关系，他们甚至能施行你们的教育理念，或者至少能够表示接受。如果请求您的父母来帮忙照顾小孩，那么这是一个既能满足祖父母的需求，又能满足宝宝的需求的好办法，那么您就可以充分利用这些手段来为自己减负——或许您能少一些家务事，或者更好，您能够不受打扰地拥有片刻独处或者与伴侣共度的时光。

2

陪伴宝宝成长

2.1 婴儿的成长发展

尚在子宫中时，宝宝就已经是一个具备能动性的存在了。他可以活动自己的身体，吮吸手指，倾听周围环境里所发生的事情。在这一生命阶段中，婴儿就已经积累了许多印象与经验。主宰着婴儿世界的声音，正是母亲心脏的规律跳动的声音。有学者以一所婴儿看护所中的新生儿为研究对象，发现用一盘载有人的心脏跳动声的磁带就能够瞒过他们。经证实，在能够听到自己母亲心跳的情况下，婴儿能够更好地茁壮成长。他们吃得更多，睡得更香，呼吸得更均匀，他们很少尖叫，也很少会生病。

出生后的第一年对于宝宝的成长发展格外重要。

婴儿呱呱坠地，就此开始了适应子宫外生活的过程。这一过程并不容易，但我们能够给宝宝提供一些灵活的支持。新生儿会学着正确呼吸，学着调节他们的体温，并学着通过吮吸和吞咽，在不噎住的情况下让自己吃饱。有这样一些“任务”在身，大多数宝宝刚开始时都会感到力不从心。他们会非常敏感，容易被惹恼，甚至没法靠自己或他人的安抚而镇定下来。婴儿对于声响的反应也各有不同。要适应外界环境，还要求婴儿调动身体的各种性能，例如用他的运动模式对其他的行动做出反应，从而找到自己的平衡。随着年龄的增长，宝宝会不断学习更好地、更有意识地控制自己的行动。渐渐地，他们只需做出较少的平衡动作，虽然他们仍然需要一些适应性动作来帮助自己达到安全位置。而感知能力，以及与他人建立和保持关系的能力，也都会在这些过程中被宝宝掌握。

“托马斯出生的时候，我就陪在一旁。我为他出生的瞬间、为这个睁眼看到世界的小小的人而深深感动。这就是我的儿子！除了这种狂喜，随之到来的是一种焦虑，我担心他是否身体健康，担心他是否能够健康成长。”（乌维，31 岁，社会学家）

其实早在宝宝出生之前，- 许多父母就已经感受到了这种忧虑。每次产前检查预约都会给父母带来充满期待的担忧感，而这种矛盾的感觉只有在医生合上了写满天书的诊疗本，并做出“完全没问题”的判断后方能够消失。同样，我们在宝宝出生时依然能够体会到这种忧虑的心情。“他四肢‘俱全’吧？他够不够重、够不够长？”等助产士、护士和医生都断定宝宝是“正常的”以后，我们才能放下心来。接着，我们才能够全身心地将注意力放在宝宝身上，并为他的到来感到满心欢喜。但这种忧虑还会在宝宝出生后延续下去。每次去儿科进行预防性检查，在等待医生检查宝宝是否“长齐”了他这个年纪该长的东西的过程里，哪怕是对于宝宝多么骄傲的父母，也总要先经历一番胆战心惊。

除了宝宝本人，包括医生、宝宝的父母和阿姨等每个人都总是想对应着某种“发展量表”，来搞清楚宝宝的成长发展是否符合他的年龄标准。但有时候，医生做出的判断会惹恼我们，让我们既无助，又抵触。我们觉得宝宝挺好，他明明生长得挺好的，但有时候我们的判断也会出现错误。按照固定“量表”来严格监控宝宝的发展，既有利，又有弊。它既有局限性，但同时也具有一定的包容度。参考“量表”标准来密切观察宝宝的发展，有助于医生和家长及时检测出宝宝的各种生长缺陷，使得这些缺陷能够在婴儿出生后的头一个月内便得到相对有效的治疗（例如，RH 血型不相容症、新陈代谢疾病、骨骼发育畸形等)，从而避免宝宝在日后出现一些严重的发育障碍问题。此外，还有一些发生在分娩过程中和出生后出现的问题（例如，在分娩时缺氧，它很可能导致婴儿的各感官感受的配合障碍，以及运动发展障碍)，它们均可通过早期诊断和具体的早期治疗得到有效的干涉。在婴儿的大脑还处于发育阶段时(主要是 1 ~ 5 周岁)，适当地参考量表标准，能够给宝宝及其家人的日常生活提供针对性的帮助。这一量表标准还能让照看宝宝的父母更加轻松愉悦，更加享受与宝宝的共处时光。在父母的指导下，宝宝也渐渐学着调动自己的力量，发挥自己的优势，调整自己在发展中可能存在的缺陷，并从中发展出一种积极感受，继而正确认知自己的能力。但这种监控的弊端则在于，父母的目光不停地穿梭于宝宝的“发展日历”和宝宝之间。他们衡量宝宝健康成长的标准不在于宝宝本身，而是那张“发展表格”。这样，压力与焦虑也随之而来，它会导致父母不停地去寻求新的教育专家，寻求新的参考指南。最终，这种压力让父母很难理智地观察宝宝，因为我们渐渐忘记，每个宝宝都具有其个体发展的独特性。

要在“促进宝宝顺利成长”和“过分地监控”之间找到一条折中的道路，绝对不是一件容易的事。发展意味着什么？我很赞同英加 · 博登伯格对此的论点，下述他的关于“发展”的定义可供大家思考和讨论。在发展心理学还不算长的历史中，它逐渐成形，并获得了广泛认同。

“发展意味着一系列彼此关联的变化；发展要以身体、思想上的成熟，以及学习的过程为基础；人生中的任意一刻，发展都有可能出现。”

我们可以从这一定义中推导出观察和评估宝宝发展的方法：

☑ 不同宝宝的内外（身体和思想）变化，并非总是都出现在同样年龄。但变化的历程有着类似的顺序，而不同的变化会以彼此作为基础。

☑ 每个宝宝都会在他的发展中掌握不同的能力。这些能力的产生则与3个相互影响的“关联因素”有关。

这些“关联因素”分别是：

※ 生物学变化（骨骼发展，神经系统的分化，不同器官及其功能的协作，内分泌系统的变化）。

※ 环境要求（如父母姐妹的情况、幼儿园、居住地、经济条件等）。

※ 宝宝个人的期望、需求以及行为动机。

刺激宝宝发展的因素来源于这 3 个条件，这 3 个条件也同时对宝宝提出的发展要求做出相应的回应（满足 / 不满足），在此过程中，宝宝得到进一步的发展。宝宝不断地与周围环境进行积极的交流，因为他们也是独立的**“有机体”**，他们会寻求那些能够推动他成熟的**“刺激物”**，这样他们才能够获得追求新行为和新认知的机会。同时，宝宝作为行为主体（而不是执行对象），他们会借由这些机会对环境产生影响。这是一个双向的过程——宝宝改变着环境，宝宝也被环境改变。

在这种关于“发展”的观点中，呼之欲出的是父母、教育工作者以及医生、治疗师在儿童发展过程中应当承担的角色：您要做一个鼓舞者，而非设计者；您要发问，将问题抛给宝宝；感受宝宝的需求、意图以及感受，并为宝宝创造一种具有多样性的、富有刺激条件的学习环境；不要给宝宝提供现成的答案或解决方法；也不要告诉宝宝“我是为了你好”，然后强制他们执行您的指示和方法。

宝宝凭借自身已经拥有的各项能力，尝试解决自己和他人提出的问题——这些问题的答案会将他们引向下一个发展阶段。宁静、安然，或是惶惑、不安定、渴望探寻——这两种阶段交替出现。宝宝会因为学会新技能、获得新认知而感到心满意足，但这种“心满意足”正是先前充满忧虑、不安的发展阶段的成果。要想更好地帮助宝宝取得进步，宝宝需要的是您的陪伴，而非条条框框的学习计划。宝宝渴求着去实践、去检验，渴望着获取新技能——所有宝宝都是如此，有发展障碍的宝宝也不例外。可以肯定地说，只要逐渐发展出自我意识，并且为后续阶段做足准备，所有宝贝都一定能够圆满地完成他们的发展任务。

“发展”一词，包括了宝宝成熟、发育以及学习的过程。刚出生的宝宝会蜷起他们的躯干、手臂和双腿，模拟自己在母亲子宫里的姿势。但随着他们一天天成长，他们开始舒展起身体来。到了恰当的时机，他们就从蜷缩的体态“发展”得越来越挺拔，越来越伸展。

婴儿的运动发展具有这样的顺序特点：

☑ **由内向外：**婴儿会先学习有意识地使用他的嘴部，接下来是眼睛，然后再到转动头部，以便紧紧盯住眼前出现的事物。接着，婴儿会运用到他的肩膀、手臂，以及他的双手，最后才开始使用

他的手指，以便抓住物体并进行触摸。

☑ **从头到脚：**婴儿的发展过程还在继续。宝宝开始学习如何转动身体、活动腿和脚。出生后的头两个月里，宝宝会有意识地抓住自己的脚趾头，或是分开脚趾。

☑ **非对称运动与对称运动交替进行：**为了在身体的活动中有一个固定的支撑点，婴儿在刚开始时以进行非对称运动为主。渐渐地，婴儿想要让身体在中间位置达到平衡，便会放弃先前的支撑点，用双手支撑，将重心落在中间。但接下来，婴儿会继续进行非对称运动，他会将身体朝向一边转动，然后达到俯卧姿势。

PEKiP 游戏与刺激方法的创始人雅罗斯拉夫博士认为：**“运动是表现宝宝身体和心理发展状况的最重要的方式之一。”**

正因为如此，科赫认为，**家长要为婴儿提供尽可能大的自由活动空间，以及因“宝宝”而异的刺激方法，从而为宝宝的运动发展提供最坚实的支持。**这也是为什么我们建议宝宝要脱掉衣服，在宽敞且温暖的房间里玩耍。只有脱掉衣服，宝宝才能够不受衣物束缚，充分地感受自己的身体，尝试各种可能的运动——例如，抓住一个球并抓紧它。

2.2 了解世界

通过我们的帮助和支持，宝宝逐渐为将来的社会生活做起了准备。要学会如何在世界上生存，宝宝就需要先**“理解”**和**“掌握”**世界。放弃那种想要给宝宝创造一个只有儿童玩具、没有尖角的“特殊”世界的念头吧！您应当让宝宝就待在我们现实的世界中，玩耍那些我们平常使用的物品，并最终成为我们生活的一部分。在此过程中，宝宝不断积攒着“生存”的经验，比如说，长茶几有着尖尖的棱角，一旦碰撞肯定会疼痛，所以必须小心靠近。让宝宝进入成年人的生活环境，其实是为宝宝提供了积累“真实生活”经验的机会。

刚出生的婴儿也懂得表达自己的需求，并寻求满足需求的机会。

我们完全可以相信宝宝具备这种能力。宝宝要是在这个环境里感到不适，他自然会表现出来。随着相处的时间越来越长，父母会懂得如何理解婴儿的不同表现，并相应地满足宝宝的需求。无论是父亲还是母亲，甚至是家庭里别的宝宝，他们都有能力和初来乍到的宝宝建立起恰当的联系。如果有谁认为自己做不到，那通常是毫无根据的担心。尤其是宝宝的监护人（多为父母），他们一般都能够正确地与宝宝相处。

对刚出生的婴儿来说，他们极其需要感受到父母给予的亲密。如果能在一个充满安全感的环境中长大，宝宝就更有可能与他人建立起稳固的基本信任。宝宝必须能够全身心地信赖我们，我们也要努力让他们感受到信任、可靠和鼓舞。在考虑宝宝对于饮食、睡眠、游戏时间的需求的基础上，规律地与宝宝开展日常互动游戏，能够帮助宝宝建立健全的人格，让他们富有好奇心且具有完善的交际能力。自出生起，宝宝就始终是一个积极主动的个体。例如，宝宝总是会用双眼打量着周围的一切。“我家马尔库斯躺在床上的时候，总是把头转向同一个方向。我担心他只有一侧身体得到了发展。”蕾吉娜，一名33岁的教师，她在一次父母互助会上讲述自己的经历。多数宝宝在早期都会被发光的东西所吸引，他们很可能一直盯着窗子的方向。如果让宝宝俯卧着趴在小床上，您会发现，他会努力地寻找光源，然后把头转到有光的那一面去。要是您让宝宝睡在摇篮里，那么只要他一醒来，就请您最好把他抱起来，好让他能够看到更多的东西，而不是一直对着摇篮的某一侧。您也可以在宝宝的摇篮上方安设一个活动的玩具装置，这足以让宝宝在醒来后的一小段时间里自娱自乐。如果您为宝宝提供的刺激活动均符合他的发展需求、能力和技巧，那么宝宝的主动性就会被唤起，他会更加主动地尝试新事物。

为宝宝设计游戏时，我们旨在支持宝宝身心的共同发展，并帮助宝宝形成早期的重要人际关系。要提醒您注意的是，不要一次性给宝宝提供过多游戏，请留给他们足够的时间，让他们持续地专注在某一件事或某一种情况上。此外，我们也要注意参考宝宝的发展状况、他们经验累积的状况以及不同宝宝的特点。

“卡琳娜一直趴着玩她的拨浪鼓，然后她把拨浪鼓弄掉在了地上，于是就东张西望起来。我想拿一个别的东西给她玩，她却果断地把头转开了。”（布伦希尔德，27岁，药剂师）

您要知道，卡琳娜已经长时间地集中注意力在拨浪鼓上，她已经有所收获。她现在需要一些休息时间，用来领悟今天获得的经验。之后卡琳娜自然会自己抉择，是把拨浪鼓捡起来，还是将注意力转向别的东西，又或是继续休息下去。我们不必总是给宝宝拿一些“了不起”的高级玩具，我们应当做的是好好观察，明白究竟哪些东西对现阶段的宝宝有好处。要知道，在这个过程里，这个小小的人便开始了人生最初的自主选择。

请让宝宝自己做一些力所能及的事情吧！

给宝宝穿脱衣服的时候，我们要跟他说话，向他解释我们的行为。

例如：“安克，现在我先给你穿上衬衣，这样你就不会冷啦——但是你得把手递给我。真棒！现在换另一边——你真是帮上了大忙呢！”

宝宝逐渐专注于这个过程，久而久之，他也会更多地参与其中。日常生活中的其他行为也是相同的道理。比如在吃饭时，我们给予宝宝鼓励刺激，和他们对话，让他们也参与进来。其实，早在宝宝来到世上，父母与宝宝进行第一次对话时，宝宝的语言发展就开始了。或者说，这一发展在宝宝出生前就已经开始，因为子宫里的宝宝已经具备感知母亲说话时的节奏和音调的听觉能力了。

“宝宝的身躯中蕴含着非凡的发展潜力，而我们迄今仍对其一无所知。”

等待时机，给予刺激，察觉宝宝的需求，了解宝宝的反应和活

动，要在这几点之间找到合适的平衡绝不是一件容易的事。但是您可以安慰自己，将来有一天，您总会找到合适的“尺度”。

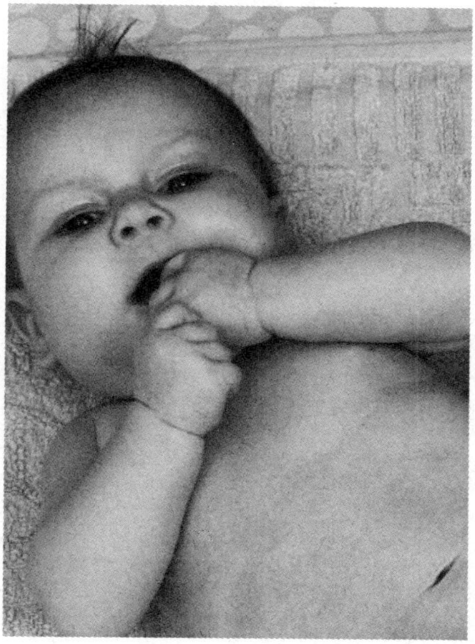

一踏入世界，宝宝就已经具备闻到气味、看到事物、听到声音、进行呼吸的技能了。嘴和皮肤，是新生儿最常用来感知外界的器官。嘴是人类开启生活的第一枢纽，也是享受愉悦的最重要感官之一。因此，“嘴”的作用不仅仅在于进食。许多新生儿很快就学会把双手喂进嘴里（如左图所示的宝宝那样）。宝宝先是看到（“眼睛”）一个拨浪鼓，然后抓住（“手”）它，最后好奇地把它送到嘴里去。所以我们要允许宝宝用嘴去探索我们拿给他们的东西。在宝宝出生后的整整一年里，“嘴”扮演的角色总是相当重要。

一来到世界，宝宝就天然地有着对于“交流联系”的需求。

人类的声音和面部表情尤其能够引起宝宝的反应。您一定早就发现：如果您弯腰趴在宝宝上方，然后认真地和他们说话，那么宝宝会手舞足蹈——这正是他们对您的反应表现出运动的姿态。我们要学会等待，等待宝宝最终能够按照自己的步调在成长发展中取得进步。新生儿会逐渐认识自己的身体。刚开始，他们其实并不知道这个是手指，这个是手掌，这里该是手臂，那里又该是腿、脚和脚趾头，也不知道这些地方是可以活动的。通过积极地参与活动，宝宝的大脑能够得到很大程度的锻炼，即大脑神经元之间的**“交叉联系”**会进一步建立起来。对宝宝的发展来说，重要的是周围要有人陪伴。他们要对宝宝的行为展现出极大兴趣，他们会亲吻、抚摸或是抱起宝宝。宝宝光着身体，我们和他们进行亲密的身体接触，从而帮助他们自在地感受自己的身体——这对于宝宝的健康发展极其有利。

每个宝宝都需要有自我成长的时间。

想要给宝宝的发展提供帮助与支持，我们首先要明白，宝宝的发展阶段是接连不断的。也就是说，在某个时间段里，一个健康的宝宝会学会某项特定的能力，但在现阶段内容还未完全被宝宝所掌握时，新的发展阶段就已经开始了。通过观察，我们发现同时可以有3个运动发展阶段并列进行。宝宝一边熟悉着已掌握的某项技能，一边迈向更高层次技能的学习阶段。与之相适应的，层次更高、要求更复杂的身体功能也会得到调动。

大概3个月大的时候，宝宝会在俯卧阶段学会以下技能：

- ☑ 宝宝会掌握如何用前臂来支撑身体。
- ☑ 宝宝有时候会将一只手伸到前面拿玩具，尽管他现在还未完全掌握控制上半身平衡的方法。
- ☑ 到了第三阶段，宝宝已经开始尝试着只依靠双手支撑身体。但他们时常翻身跌倒，因为他们还无法在此位置保持好自己的平衡。

在观察宝宝的发展过程时，我们要做的是：

- ☑ 要让宝宝处于俯卧位置，因为这个姿势让现阶段的宝宝感觉最舒适。

- ☑ 递给趴着的宝宝一个玩具，让宝宝伸手来拿玩具，从而帮助他们锻炼稳定身体的能力。
- ☑ 切记，要在宝宝身体下面铺上柔软的垫子，那么宝宝就算翻倒也不至于过分疼痛。同样的道理，宝宝趴着的地方周围不能有容易发生碰撞的物品。

如果宝宝在其运动发展中经历了某种不愉快，那么他很可能"罢工"一段时间，逃避尝试新阶段的练习。

宝宝希望感受到自己的能力在被扩充，他们也希望在此过程中获得恰当方式的支持。在此，我要强调一点：那就是不要让宝宝超前进行某一发展阶段。例如，宝宝并不会因为被父母放在"摇摇车"上，就能够提前学会"坐"。相反，这会损害宝宝的运动机能发展。因为按照发展顺序来说，宝宝应当先学会仰卧和侧躺，强行让宝宝提前"坐起来"会损害宝宝的正常肌肉活动和他那柔软稚嫩的骨骼。

任何辅助手段也比不上父母体贴温柔的关怀。

如何让您帮助宝宝的发展效果最大化，我们有以下建议。

当您和宝宝一同玩耍时，请您检查自己是否注意到：

- ☑ 宝宝更容易被高音调的声音吸引。
- ☑ 夸张的语气，抬高的音量，都是在邀请宝宝参与游戏。
- ☑ 单调的语气能够促使宝宝平静下来。
- ☑ 重要的词汇一般会拖长音。
- ☑ 重复一些有旋律的语句。

☑ 要和宝宝有眼神接触，并且让宝宝明确您的关注对象正是他，否则宝宝不会进行回应，如宝宝不会对收音机的声音做出回应。

☑ 您的言语表达一定要简单，可以多使用独字句，并用具体的名字来代替抽象的“你”和“我”。

☑ 您和宝宝的身体距离要近：新生儿最远只能看到20厘米远的距离。因此监护人的活动一定要处在这个距离之内。

☑ 让宝宝咿呀学语是很好的，比如，“汪汪”“哄哄”等。宝宝使用的语言多是对词汇的简化、重复和夸张。这是宝宝的前语言阶段，它们会随着时间逐渐自行消失。

☑ 由于亲子间的相互影响，不同宝宝表达愿望的方式会越来越不一样。

如果宝宝已经深知母亲会对他们释放的信号做出可靠反应（例如，哭啼的时候给予他们安慰，疲劳的时候把他们抱到床上），那么他们采用“哭泣”作为手段的时候会越来越少。宝宝会发现，自己是否幸福快乐，这对母亲来说至关重要，从而产生对母亲的信任。如果母亲不去尝试理解宝宝，那么宝宝也会越来越少地寻求自己和母亲间的联系。

2.3 观察宝宝并建立关系

婴儿的独特之处——不同于成人的体形（头大、身体小），刚踏入新世界里的不知所措，以及他们特有的纯真魅力——都在敦促着我们将注意力投射到他们身上。而要想提醒宝宝注意到他人的关注，无论是稚嫩的小孩还是成熟的大人，他们都必须要么低声细语地发出邀约，要么抬高音量，扮出鬼脸，才能吸引宝宝。

还在母亲子宫里时，宝宝就已经进行了许多练习，例如，嘴部的动作，眼睛的开合，以及如何吮吸指头等。但只要还未出生，宝宝就没有机会去练习与他人视线接触。出生后，只要宝宝和父母时常相互密切注视，宝宝就能很快学会这项基本功。宝宝的眼神会对父母的行为产生直接影响。交流双方——也就是新生儿和他的父母——**眼神交汇**，从而给予对方自己的回应。这种眼神的交流能够建立起成人与儿童的稳固关系，宝宝最初的良好心理发展也多来源于此。每个宝宝都会学着积极主动地“出击”，将自身注意力转向周围环境，尝试在其中建立起关系和关联。在此过程中，宝宝依靠本能，不断进行各种嘴部活动，他们还会张开双手、睁大眼睛。

作为回应，成人通常会将注意力集中到宝宝的行为上。宝宝也就由此认识到，他的行为究竟会引起怎样的反应。监护人会对宝宝的行为迅速反应，宝宝则能够在自身行为与父母的反应之间建立起某种映射，从而意识到他的某些行为在“信号”层面上所具有的意义，比如：

- ☑ 放声哭叫——妈妈会来到身边。
- ☑ 嘟嘟囔囔——大人们会欢欣鼓舞。

渐渐地，宝宝能够清楚地知晓他的尖叫或是嘟囔都将会产生何种效果。通过这种方式，宝宝在前语言阶段顺利地与他人产生**“相互理解”**。多项关于“(刚出生几周的）新生儿宝宝和成年人之间的交流沟通”的研究均表明，常常和宝宝进行亲子对话，会有益于宝宝的情感发展。

一旦宝宝醒过来，并表现出对您的关注和陪伴的渴望，那么请您最好放下手里的事情，将时间花在与宝宝相处上。先把您手头的工作抛之脑后吧。其实要不了多久，宝宝就会累得想睡觉了。

和宝宝顺利地建立密切联系（关系）的几项前提条件：

- ☑ 某些特定情况下，请您将全身心的关注都交付给宝宝。
- ☑ 无论宝宝表现出什么样子，都要接纳他！并且让他明白，您真的很有兴趣与他建立联系（关系）。
- ☑ 就算宝宝现在能力有限，能参加的活动不多，那也需要您的共同参与。

宝宝以监护人为媒介，通过辨别父母的声音、面部、头部、身体和气味具有的特征来感知世界。在成人的指引下，宝宝得以逐渐建立起自己的知识体系。但宝宝对于情感的表达仍然是模糊的，只有让宝宝置身于人际关系中，并由他人“复制”并“放大”其情感表达，宝宝的情感发展才能够进一步得到发展。因此，成年人必须在宝宝还无法使用语言精确地表达时，就能通过宝宝的声音、手势和面部表情来充分理解宝宝所希望传达的内容。要是无人分享宝宝的情感表达，也没有人给予宝宝恰当的鼓励，并把“鼓励”信息再传达给宝宝，那么这个宝宝在情感发展和区分自我感受的问题上会出现一定的困难。

宝宝学着通过观察来感知、捕捉、接受并表达——正如成年人所做的一样。在和宝宝相处时，父母能够展现出一种生物学意义上的**“镜像”**特征，也就是让宝宝从一张更大的脸孔（成人的脸）上看到与自己相似 / 相同的面部表情，进而确认对方作为同类（人类）的属性。而反过来，宝宝也开始试着模仿他所看到的成年人。

“每当我笑眯眯地看向我的儿子雷纳德，他也会‘咯咯’笑起来，并观察着我的笑容，用相同的笑容作为回应。他脸上的表情简直和我如出一辙。”（比吉塔，33 岁，二胎家庭，女化学家）

这显然是一次成功的亲子交流。母亲展现出她的开朗，宝宝则及时跟上了母亲的小游戏。如果父母能够恰当地理解宝宝，用正确的方式接纳宝宝，并在宝宝的影响下做出适宜的反应，那么亲子间的“对话”能让双方都倍感满意。在进行交流时，宝宝必须感受到眼神接触，他们需要观察到对方脸上的回应。嘴角含笑，会让宝宝心满意足。如果对方脸上毫无表情，整个人呆若木鸡，那么宝宝的交流兴趣也自然会衰减。要是某个女性的精神始终紧绷着，或是对生活氛围有所不满，那么她的宝宝也会因此而感到不安，乃至出现情绪急躁、失常的现象。您肯定也曾目睹过自己或是其他亲人的这种情况。生活中的不如意十之八九，有时候您感到一切事情好像都一团糟，那么您的情绪可能也会带动着宝宝一起七上八下。如果某个宝宝太少得到关注，其需求未能得到回应，那么这个宝宝的表达欲会逐渐减少，他会越来越难以良好地表达自我需求。但另一方面，如果父母为了充分促进宝宝发展，而对宝宝过度关注，那么宝宝的独立性在以后也很难得到顺利发展。

在和宝宝相处时，**我如何做到敏感地捕捉到他的需求呢？**您可以通过下列问题自我检测：

☑ 他在注视我吗？

☑ 他的表情是想传达给我什么内容？

☑ 他是否尝试着用声音来回应我？

☑ 他愿意触碰我吗？

随着年龄的增长，宝宝开始学习使用不同的表达方式，成人和宝宝在此过程中相互影响。

宝宝可能会使用到以下表达方式：

☑ 感到不舒服时，宝宝会哭泣。

☑ 想进行交流，宝宝会用到面部表情和手势。

☑ 宝宝还有可能采用眼神交流，或是发出声音。

成年人要想展现出自己的交流兴趣，需要这样做：

☑ 使用一些儿童语言。

☑ 理解宝宝的声音，并进行重复；或是以宝宝的

“言语”为基础，补充性地给宝宝解释他身处的世界。

☑ 随时准备好应对来自宝宝的短暂注意力，以及宝宝的各种行为。

我们可以用下面的例子作为说明：劳拉吃饱以后，从上午10点睡到了11点。一醒过来，她便开始发出嘀嘀咕咕的声音。于是妈妈就知道，劳拉现在想要起身，不想继续待在她的小床上。看到妈妈走过来，劳拉脸上洋溢起笑容，伸出双手。等劳拉躺在尿布台上后，她不断试图伸手去抓住妈妈，并手舞足蹈，妈妈知道劳拉现在想要跟她玩耍。但妈妈现在想去做饭，因为丈夫就要下班回家了。因此，妈妈只好在厨房地板上铺好毯子，让劳拉在上面玩耍，母女俩就这样在厨房里隔空“一问一答”。过了一阵，劳拉的声音渐渐透露出了不满，可是妈妈还没有做好饭，不能寸步不离地陪着劳拉。妈妈让劳拉翻了个身，从俯卧趴着变成仰卧躺着。劳拉满足地玩了一小会儿，又开始尖声“呼唤”起妈妈。碗里的沙拉还没有拌好，可是劳拉一直哭，该怎么办？妈妈只好坐到劳拉身边，陪着劳拉开心地玩耍。等劳拉爸爸回到家，母女两人还在地板上玩耍。于是爸爸“自觉”地去完成了饭菜的准备，然后让劳拉坐在他的腿上，一起用餐。能陪着爸爸一起吃饭，这让劳拉感觉很愉快。吃过饭，劳拉和爸爸继续玩耍了一阵。慢慢地，爸爸发现劳拉开始心不在焉，表情也逐渐转阴，便把她抱到小床上，给劳拉唱了首歌——劳拉便睡着了。

工作可以等待着您稍后完成，想陪宝宝欣赏的“彩虹”却一瞬即逝。

实际上，这个家庭先前并未采取这样的策略。这位妈妈以前很少关注劳拉，她总是把重心放在饭菜上。结果劳拉一直生气地大喊大叫，直到爸爸回来都无法冷静。妈妈也被劳拉的尖叫弄得心烦意乱，劳拉则因为筋疲力尽而吃不下饭。夫妻双方在进行慎重的交流后，他们终于明确了这样一个原则：女儿出生后的第一个月里，两人必须将女儿的需求放在首位。随着宝宝一天天长大，宝宝的理解力加深，这种情况一定会逐渐有所缓和。对大部分父母来说，只有和宝宝相处一段时间，并充分观察了宝宝，才能够明白这个道理。

请您花时间观察您的宝宝：

- ☑ 他的手在做什么？
- ☑ 他的身体动作在表达什么？
- ☑ 他会用什么样的声音来表达自己？
- ☑ 他的眼神被哪里吸引？

然后您再对宝宝的行为做出反应，并继续观察，看您的回应是否符合宝宝现在的需求。

PEKiP 小组非常重视对宝宝的观察，并以此为基础来研究亲子间的关系。达纳 · 库巴尼（Dana Kubani）是我的一位同事，她曾在她的博士论文中就 PEKiP 小组内可观察到的父母行为进行一些研究。她发现，在课程结束后，这些父母现在和宝宝相处会比刚加入小组时敏锐得多。

在 PEKiP 小组，我们会花更多时间来观察宝宝，并陪伴宝宝一同玩耍。

和宝宝愉快玩耍的 5 个步骤：

［根据雅罗斯拉夫·科赫（Jaroslav Koch）的理论］

- ☑ 根据自己对宝宝的观察，给宝宝提供现阶段最适合的游戏。
- ☑ 随时注意观察宝宝的反应。
- ☑ 要弄清楚宝宝的反应所代表的含义。
- ☑ 决定如何回应宝宝的反应。
- ☑ 按照您的决策，快速行动。

在 PEKiP 小组，父母能够得到来自小组的帮助，获得适应宝宝发展状况的建议，并在小组的鼓励下尝试用有趣的方式与宝宝相处。

2.4 生命在于运动

运动是生命力的表达。

从出生起，新生儿便能展现出各种天生的运动特征，这些运动能够确保他们在出生后头几周和头几个月里的生存。同时，宝宝还需要在此基础上对来自外部和内部的刺激做出反应。从出生第一天起，婴儿就能够借助其天生的运动“模式”（反射）来主动应对周围环境，并适应自身需求。人类利用身体来了解和捕捉来自环境的刺激，接着对其进行整理、评估和存储。新生儿能够通过他的神经生理系统对刺激做出反应，而这种反应需要先借助运动“模式”的帮助。“天生”的运动“模式”很快能发展成为可任意控制的动作，并进一步针对环境做出恰当反应。

婴儿在平静或积极的觉醒状态下，通过自身活动影响世界，并获取各种刺激和反应，他们对此感到十分开心。PEKiP 游戏帮助宝宝进行适合其发展阶段的、与监护人和环境的接触与沟通。想必您也能够体会到，“想动却不能动”是何等痛苦的一件事。对于这些小小的人儿也是同样的道理。他们有运动的意愿，他们也希望主动地利用天生的能力开展各种活动，从而对环境做出回应。雅罗斯拉夫·科赫博士在家长互助夜提出了这样的口号——**“逃离小床”**。

请务必在游戏时相信宝宝的能力。正如您看到的那样，他们已经有能力借助手臂、双腿和面部来摆脱那些不愉快的刺激。这个过程所产生的反射，将在整个人生中帮助他们正确应对各种过于强烈的刺激。

“我们坐在餐桌边吃饭，有时候我会给我儿子一个勺子玩耍。我不知道我做得对不对。虽然他不至于伤害自己，但他经常会搞得自己干呕起来。”有一个容易触发窒息的区域就位于婴儿嘴部内侧前面的位置。所以当他们将物体放在嘴里时，很容易出现窒息。

“每当我轻轻捏住英加的脸颊，想让她把脸转向我的胸部时，她却总是想把头朝着我的手内侧转去。”

这是人的天性，要是宝宝感觉到有温热柔软的皮肤正在触碰自己的脸颊，那么尽管可能与重力或食物的方向背道而驰，他也要将头朝向温暖的源头伸去。

因此在喂奶时，您可以伸手在一边轻轻抚摸宝宝的脸颊。宝宝想要且能够应对环境提出的要求。尽管这是一小步，却是宝宝独立地关怀自己的重要一步。

每天您都能够观察到宝宝的吮吸反射。尤其是刚出生时，这一天生的“程序”使得新生儿有机会获取生存所需的食物。要不了多久，您会观察到宝宝的**“非进食性吮吸”**，这种类型的吮吸活动其实是宝宝对自己发音能力的一种检验。吮吸时发出的吧唧嘴的声音，能够帮助宝宝迅速引起监护人的注意。所以当宝宝吮吸时，他很可能不是想喝水，而是想要玩耍！虽然吮吸、观察和抓取都属于宝宝天生配备的“运动模式”，但要想吸吮物品还需要宝宝积攒数周的经验才行。协调配合这些活动，是宝宝发展阶段中极其重要的一步。因此，PEKiP 为出生第一周的宝宝设计了符合本阶段发展的游戏，帮助宝宝进一步拓展他们天生的基本运动功能，促使他们有意识地控制自我，并逐渐独立地应对环境的要求。

大部分 PEKiP 游戏都旨在帮助宝宝利用天生的运动反应能力来面对新的生存环境，即一个“有重力”的世界，并从积攒的经验中学习，最后调整自己的活动。

这里以宝宝的**“爬行反射”**为例。大自然设置这种反射的目的，或许是希望婴儿在各种紧急情况下有能力帮助自己（天气太冷、光线太亮、肚子好饿等）。对新生儿来说，“爬行”的作用主要是让他们接近食物来源，即母亲胸部。

“我们在家陪着奥拉夫，发现总是会出现这样的情况——如果他被放到小床中间，或是婴儿车最里面，只要我一走过去，他就会把脑袋搁到边上来。”（贝亚特，28 岁，理发师）

出生后头几周内出现的爬行反射，还能够帮助消除婴儿的紧张焦虑情绪。爬行反射让宝宝筋疲力尽，因此能够睡得很香甜。由于婴儿在母亲狭窄的子宫里度过了很长一段时间，所以如果让刚出生的宝宝睡在一个身体受到限制的地方（如摇篮）时，很多宝宝会觉得更舒适。婴儿床常常用泡沫材料围起来，也跟这种情况有一定的关系。请您仔细观察您的宝宝，然后弄清楚宝宝最希望睡在哪里。再过几周，宝宝很可能会“移情别恋”，想要睡在大床上了。

大自然赋予了宝宝爬行的能力。在出生后的第一年里，宝宝为成长积累了不少经验，爬行“反射”将逐渐转变为“有意识”的爬行。

在宝宝出生后的第一个月内，您可以为他提供这样的游戏：

宝宝呈俯卧姿势，父母给他的脚部施加（轻柔的）阻力

先让宝宝呈俯卧姿势趴着，然后我们用手给他的脚部施加阻力。这时候，宝宝会相应地弯曲和舒展他的腿部，并试着借助这种阻力向前滑行。

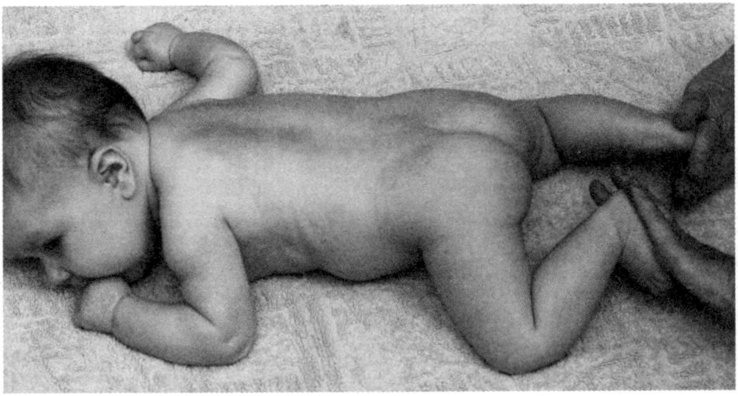

每进行一次这样的运动，宝宝的意志力和运动能力就都得到了一次促进。在这个游戏中，宝宝的运动主要集中在腿部的弯曲和伸展。

每个人都拥有自己独特的肌肉张力。如果您的宝宝在游戏时身体变得僵直，原本较强的肌肉紧张情况逐渐变为普通的肌肉紧张情况，这说明宝宝现在不适合继续进行这项游戏了。

还有一条重要的运动反射，它并不是伴随着婴儿的出生而存在的。出生后的下半年，婴儿才会开始学习理解重力，并在摔倒时用手做支撑，从而保护头部。和早期那些会逐渐消失的反射运动不同，这种反射会伴随人的一生。PEKiP 为宝宝的**“防摔倒能力”**发展提供了很多促进性的游戏。

除原本就具有个体差异性的肌肉张力（普通、低张力、高张力）以外，受重力的影响，在采取某种姿势、进行某种活动时，宝宝必须将肌肉调整至适合的张力。这需要宝宝身体的协作，您可以为其提供适当的帮助。PEKiP 在涉及游戏时的基本原则之一就是：节奏规律，松弛得当。下面这项游戏同样参照了此原则，既有让宝宝主动活动的阶段，也安排有交替进行的休息阶段和观察阶段。

把手指递给宝宝，让宝宝紧紧握住

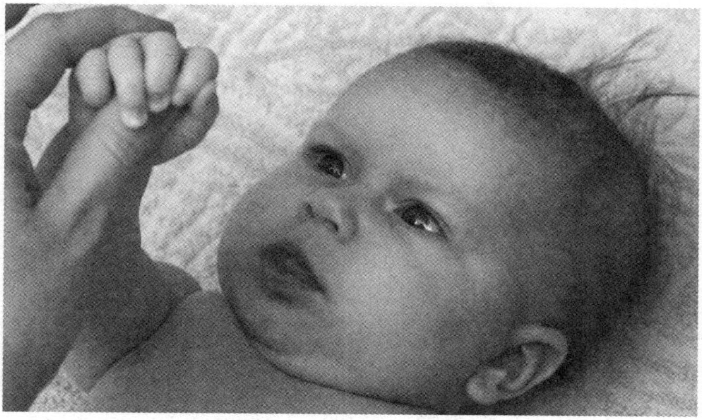

宝宝一出生便具有抓握反射。一旦他的手掌内侧被触碰，他会

立即将手合起来。这个触碰刺激存在多久，宝宝的手就会握多久。将大拇指或食指放在宝宝的手掌内侧处。只要察觉到这种触碰，宝宝便会条件反射地握紧我们的手指。然后我们可以稍稍活动手指，但仍然保持让宝宝紧握住的状态，于是宝宝的手臂乃至身体都会随着我们活动。

“我们米里亚姆才5周大，她特别爱抓我的胡子。有时候实在抓得太紧，我都没办法让她松开。于是PEKiP建议我，出现这种情况时，我可以轻轻抚摸米里亚姆的手部侧面或手背。真的很神奇，只要我这样做了，米里亚姆就会迅速地松开我的胡须。”(约格，35岁，社会学家)

PEKiP 的原则绝不是帮助您把宝宝培养成体育冠军，而是促进宝宝天生具有的能力。宝宝已经做好了进一步成长发展的准备，只需您放手让他们去活动和学习。例如，宝宝可能发现一个(奇怪的)新姿势（这是对重力的对抗！），并打算以这个静态姿势为起点开始运动，最后宝宝又恢复到之前的静态姿势。在下面列举的 PEKiP 游戏中，宝宝会尝试一种仰卧状态时的姿势，并进行进一步的运动。

该游戏要求宝宝的身体具有极高的协调性。这项游戏极富趣味，并且经证明有效。尽管只是简单的身体协作，但对宝宝来说，这能够引领他们跨越成长之路上的又一道关卡。

宝宝呈仰卧姿势，父母给他的脚部施加阻力

让宝宝处于仰卧状态，我们用大拇指或手掌轻轻推压宝宝的脚后跟，让他们的腿部做有规律的弯曲或伸展活动。切记，宝宝的运动必须是自发的。在游戏中，您会注意到所谓的“磁场反应”，即宝宝始终将脚后跟靠近我们的手部，即使我们把手移开。

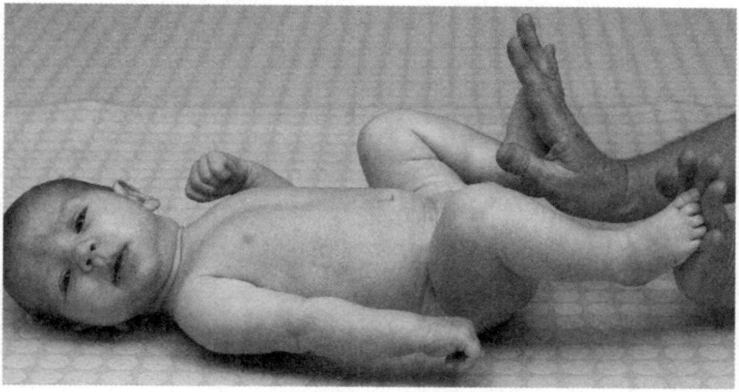

如果宝宝开始对此毫无兴趣，或是不再出现上述反应，我们便应当停止施加任何阻力。此外，还要注意一点，那就是宝宝在游戏中不应该完全把腿伸直，因为这个活动并不适合现阶段的宝宝。腿部交替进行弯曲和伸展活动，会让宝宝的全身都受到相应的影响。例如，在宝宝匍匐爬行、四肢着地爬行和奔跑这一类的交替型运动中，我们都能够注意到“弯曲”和“伸展”活动的出现。

生命的意义始终在于运动。除了天生的运动模式、具有个体差异的肌肉张力以及不同的运动意愿，宝宝还拥有一套**“接受机制”**。每次进行运动，宝宝都能够立即接收到运动中的变化，并感知到新的运动。这些信息在大脑中得到加工，然后宝宝将其再次反馈到运动中。例如，我们可以在宝宝脚掌下放一个水球，观察他如何进行活动（参考第 092 页）。借助每次触碰球体而得到的反馈信息，宝宝逐渐学着预先为可能出现的情况做好应对准备。等宝宝掌握了所有相关的动作和姿态后，他们踢蹬球体的活动会做得越来越好。

小小年纪，宝宝就开始想方设法让情况变得称心如意。其实他们在学着“未雨绸缪”，换句话说，他们正在学习思考。借助 PEKiP

的支持，就算宝宝才出生一周，父母也能及时筹划好如何为宝宝成长为独立个体的过程提供帮助。针对未满 3 个月的宝宝设计的各种游戏，均考虑到了宝宝的天生能力（即反射性的运动模式）。宝宝需要在进行这项游戏时调动自己的能力，他们的运动发展和感知发展也因此得以促进。最宝贵的一点在于，宝宝能拥有和父母相互配合进行活动的机会。

2.5 将宝宝背或抱起来

PEKiP 研究中的一个重要出发点，是来自 J. 科赫的**“运输假说”**。在某些民族里，母亲不得不在工作时把宝宝背或抱在背部或髋部。母亲不断带动着宝宝一起活动，母子间的皮肤和身体接触、体温的传递，都能够减轻婴儿的压力，起到抚慰宝宝、让他们感到开心的作用。在宝宝醒着的时候把他们背或抱起来，有时候会比让他们自己躺着愉快得多。那我们要用什么方式背或抱起新生儿?

以前，父母总是被教导着要这样：要把宝宝以仰卧姿势（面对面地）抱起来，过程中要注意给宝宝的头部提供支撑。但我们将提到一种简单的方法，它能够促使宝宝积极参与到被背或抱起来的活动中，即把宝宝侧着身体抱起来。

把宝宝侧身抱起来

让宝宝仰面躺在我们面前的垫子上，我们用双手环抱住他的躯干，帮助他将身体转向一侧，并更多地倾向内侧腹部的方向。然后，我们将这个姿势的宝宝抱起来。首先抬起宝宝的头部，然后是躯干，最后才到脚。让宝宝保持着侧身姿势，并把宝宝越举越高——这个侧面方向最好是宝宝习惯转头看向的一侧。因为如果宝宝从出生起就总是热衷于看向这一侧，那么他实际上已经为头部的转动做过许多练习，在进行这项活动时，也就能够熟练地让自己的头部保持着看向这一侧面。在下面的第一张图片中，大人正轻柔地将地板上的宝宝转向侧面；在第二张图片中，宝宝则依靠自己独立地将头昂起一些；在最后一张图片中，宝宝稍微将头垂向腹部方向，这样他才能够更长时间地保持头部抬起。

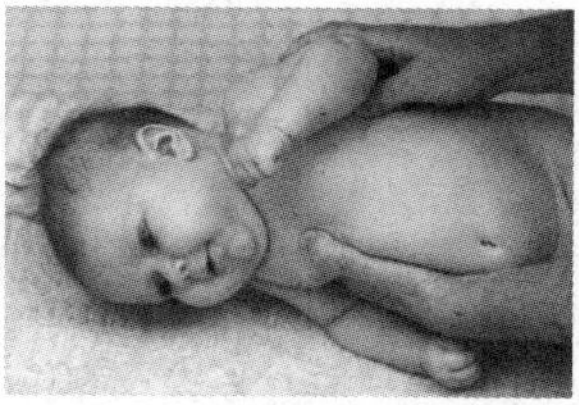

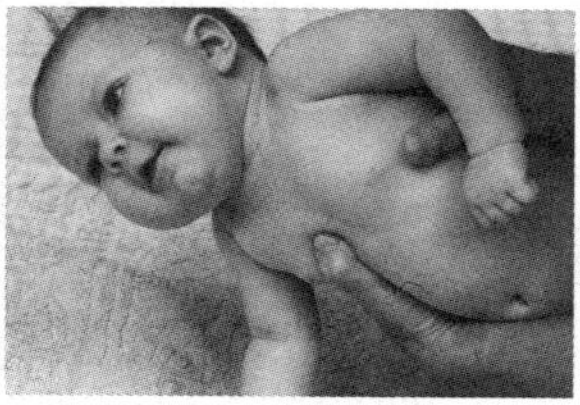

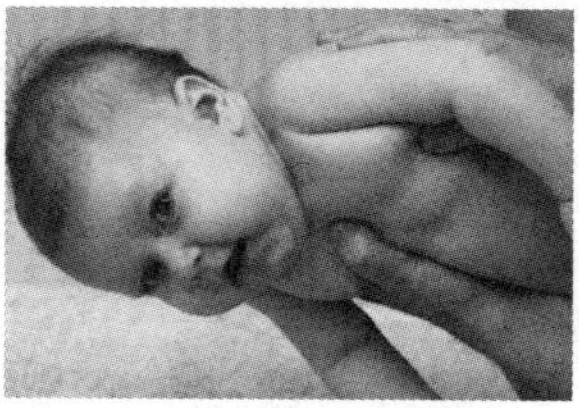

但如果宝宝总是只盯着同一个方向，最好让我们的脸在另一侧吸引他们的注意力，让宝宝转过头，并从这一侧将宝宝高高地抱起来，从而帮助宝宝更换他的注视方向。让宝宝转向两侧，交替地将其抱起来，这会更加有益于宝宝的发展。要注意，如果每次在抱起宝宝时都用力支撑住他们的头部，那宝宝就很难学会“独立”地昂起头部，并对自己的行为负责。

如果让宝宝靠在我们的肩头，那我们要记得用空闲的那只手撑住宝宝的背部和肩膀。如果让宝宝仰卧着躺在我们的臂弯里——就是大家抱婴儿时最常用的那种方式——就一定要记得给宝宝的头部提供足够的支撑。

把宝宝侧着身体抱起来时，宝宝总是朝向同一侧，也就是所谓的他的“惯用面”。但为了让宝宝的身体得到全面发展，我们一定不能忘记另一侧。只有这样，宝宝才能够学会从两侧挺起头部。此外，我们也要鼓励宝宝每次使用不同的手来抓取物品，或进行游戏。甚至宝宝在盯着您看的时候，您也要左右活动，帮助宝宝运动其头部。

刚出生的婴儿希望能被我们抱着。把宝宝抱在臂弯里，或是抱在胸前，都能让宝宝感到我们的心跳——胎儿尚在子宫时，母亲的心跳声总是陪伴着他们，他们随着母亲的心跳入睡、醒来，活动、休息，形成了生活的节奏。“咚咚”“咚咚”，母亲结实有力的心跳，带给宝宝的正是宁静、安全和爱。

“每当我家丽莎哭起来，我就会抱着她散会儿步。我受不了小孩的哭泣声。我母亲之前警告我不要老是抱宝宝，我猜她觉得这样做会惯坏宝宝，让丽莎总是想让我抱着。但我不想听我母亲的话。”(伊娃，32岁，建筑师)

刚出生时，宝宝需要感受我们身体的温度。我们的心跳，我们的声音，我们的气味，我们的温度，以及我们的活动节奏，都有助于安抚宝宝，让他们感到安心。

“有些亲戚总说我会惯坏米里亚姆。因为她一哭，我就会把她抱起来。但是只有我知道，她哭泣是因为她总是肚子痛。我只要一想到，如果哪天我身体不舒服，想要从我丈夫那里获取一些关心，而他却说——今天我抱过你了，这会儿你得自己处理你的不舒服——我就会

很郁闷。我是一个成年人，我知道我的需求不能总是被立刻实现，但小孩不知道。”（卡琳，28岁，店铺女老板）

放任宝宝哭泣会怎么样？

宝宝并不知道稍等片刻将有人来安慰他。他只会感受到，这一刻，他不舒服的这一刻，并没有人在身旁抚慰他。在宝宝刚出生的头几个星期里，让他们在不舒服时感受到关怀，是很重要的一件事。父母们，请你们试着弄懂宝宝哭泣的原因。宝宝会有不同种类的哭叫声，随着时间的推移，您将能够区分宝宝哭泣的原因是疼痛、饥饿，或是无聊，并对其采取恰当的回应。新生儿不会因为被您多抱了几次，就被溺爱、惯坏。尤其是宝宝出生的头几周。只要宝宝一哭泣，请您立即把他抱起来。

人是**“被抱着”**长大的。陪伴儿童成长的并非是他们的同龄人，而是他们的监护人。小宝贝从出生起就已经具备了功能性的视觉和听觉交流系统。将宝宝抱在怀里，更有利于亲子间的眼神接触，以及借助于表情、手势和言语而进行的交流。在妥善考虑到宝宝的实际能力后，监护人对宝宝做出回应，宝宝也能从中充分受益。小宝宝的各种生理特点（如头大、身体小等）时常能够唤起人类的母性行为，婴儿的尖叫也在此范畴中。

您采用了何种方式来抱起您的宝宝？

- ☑ 您是否总是只从某一侧抱宝宝？
- ☑ 您总是以同样的方式将宝宝抱在臂弯里吗？
- ☑ 在抱着宝宝的时候，您是否左右或上下摇晃宝宝？
- ☑ 您的宝宝最喜欢哪种方式？
- ☑ 其他父母又是采用什么方式来抱起他们的宝宝？

在抱起宝宝的时候，如果您将自身的活动过多地强加给宝宝，很可能会使得宝宝筋疲力尽、疲惫不堪。在放下宝宝时，也要请您记得先将宝宝的身体转向侧面，并让宝宝的脚部先接触软垫，然后才是躯干，最后轻柔地放下宝宝的头部。上述步骤结束后，您最好继续将一只手放在宝宝身上一小会儿，以此延续宝宝先前在母亲子宫内习惯的约束感。

应当如何抱宝宝？

在此，谨提供一些参考意见，或许您在宝宝出生几天后便可开始尝试。在“抱宝宝”的过程中，重点是**成人与宝宝之间的通力协作**。抱宝宝的姿势既要使您自己感到舒适，也要让宝宝满意。宝宝会活动自己的身体，从而适应并配合您的动作——例如，做出表示自己希望被抱起来的反应。宝宝在出生初期建立起来的各种反射活动，如抓取和支撑，均有助于他们完成这些配合性质的反应。等宝宝满 3 个月后，这些反射行为会逐渐消失。因此，如果某个宝宝在前 3 个月里很少被监护人主动地抱起来，等到了第 4 ~ 6 个月，宝宝对于“拥抱”刺激就很难做出确切的回应。

要轻柔地将宝宝侧身抱起来，并从同个侧面放下来，最后让您的手在宝宝身体上稍作停留，免得这项活动的突然终止使宝宝受到惊吓。

如何抱宝宝——让宝宝靠在我们的肩头

将宝宝的头部搁在您的左肩上，并帮助他的脸转向侧面。宝宝头部的具体支撑位置应当是您的肩胛骨处，这样他才不会滑落。多做几次练习，您会渐渐熟悉这种姿势。很多母亲会在宝宝吐奶反胃时，采用这种姿势抱起宝宝。或许您想将宝宝靠在右侧肩膀上也无妨，更换两侧肩膀可以促使宝宝将视线投向另一个方向，还能让您自由活动另一侧手臂。

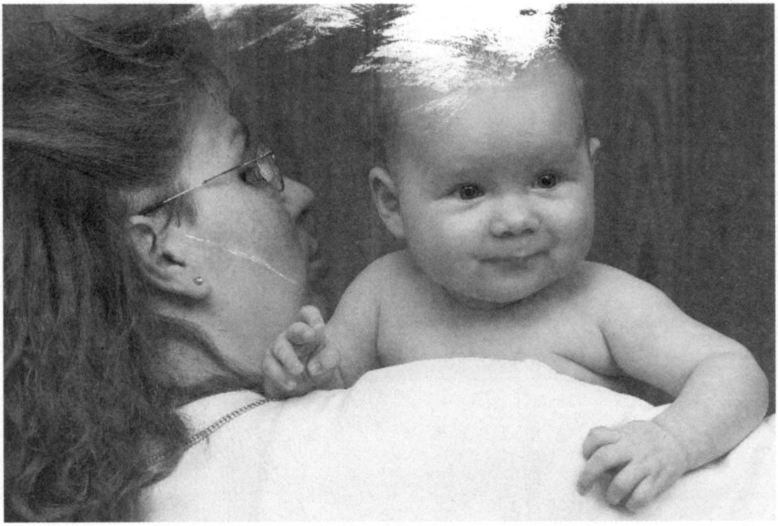

抱着宝宝“环游”房间。您可以向前或向后弯腰，或是晃动身体，来回走动（此过程可依据个人爱好配合音乐）。通过这些活动，您会发现，宝宝其实一直在配合、适应您的动作。将宝宝抱起来靠在肩头，几分钟后把他放下，然后将他换一侧抱起，并让他靠在您的另一边肩膀上。接着带着宝宝参观你们的房间。

如何抱宝宝——将宝宝抱在我们的腹部

我们也可以在抱起宝宝时，让他的视线方向和我们保持一致。让宝宝象征性地“坐”在我们的右前臂上，将他的背部紧靠我们的上半身，使得宝宝的视线看向房间。用左手轻轻地固定住宝宝，让他的身体紧贴我们，从而保持他的背部挺直。请注意，一定要确保宝宝能够自由活动他的腿部。采用这种姿势，宝宝目光所及，与我们完全一样。因此我们可以一边抱着宝宝漫步在房间里，一边向他们解释他看到的物品。采用这种方式时，每过一段时间，我们也要记得变换姿势，例如，可以让宝宝躺倒在我们臂弯里，或是直接换一只手臂让宝宝“坐”在上面。

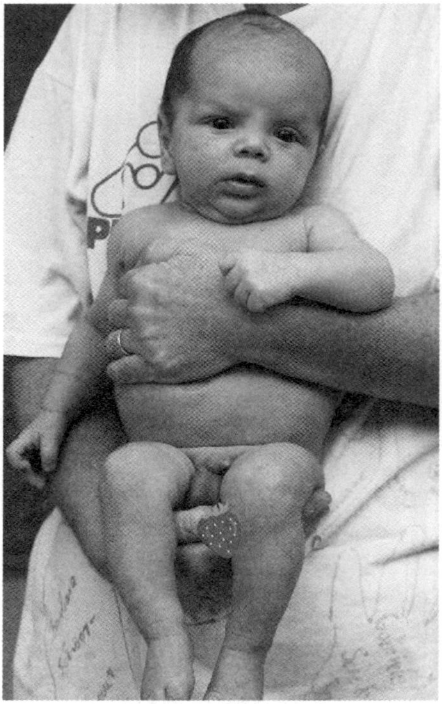

◇ 如何抱宝宝——让宝宝仰卧在我们的臂弯里

这是最常见的抱宝宝的姿势，尤其在母乳喂养期间。采用这种姿势，我们可以很好地注视着宝宝，宝宝也会对我们的目光做出回应。如果我们和他“聊天”，宝宝很可能还会试着模仿我们的面部表情。

如何抱宝宝——让宝宝侧卧在我们的臂弯里

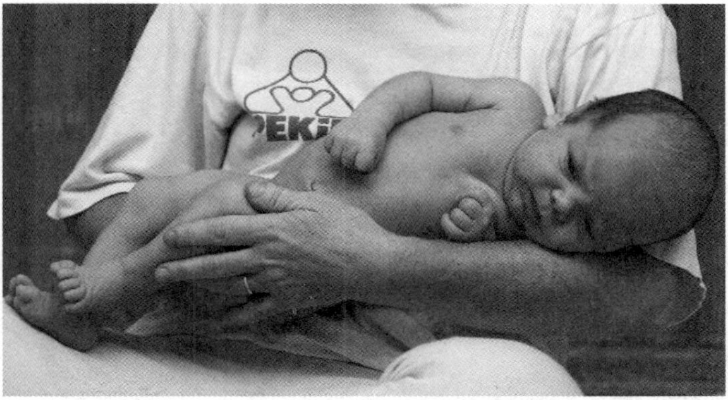

让宝宝侧身躺在我们的手臂上，他的背部要靠着我们的身体。与其他直起身体的姿势相比，宝宝得到了另一种理解周边环境的机会。宝宝出生后第 4 周起，您便可以开始和宝宝尝试这项活动。如果我们将原本支撑宝宝头部的手臂稍微向后或向下移动一点，或是将小臂往外撇开一些，宝宝很可能就会试着自己依靠自己挺起头部。在刚开始的几周里，宝宝挺起头部的时间仅能维持几秒钟，但随着时间的推移，他能够坚持的时间会越来越长。这项活动的要点是，要让宝宝的背部（完全）靠在我们的身体上，这样才能够让他的头部有足够支撑。这项活动也需要您记得调换宝宝的身体方向，您一定要仔细观察宝宝的动作。刚开始时，就像上图所示的这个 4 周龄婴儿那样，您的宝宝需要从您那里得到很多力量的支持。

抱着宝宝的时候，我们要让他在这个过程中改变身体姿势，促使宝宝更好地了解自身身体素质，并从中获得大量的、有关空间的体验。宝宝的头颈部肌肉也会变得愈发强大，他的平衡感也能得到进一步的发展。在被抱着的时候，宝宝变得越来越活跃，父母需要提供的支撑力量也越来越少——可对比参考下图所示的这个 3 个月大的婴儿。

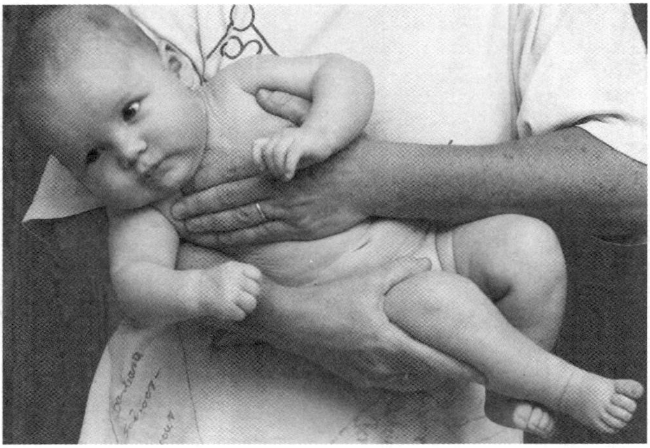

如何抱宝宝——让宝宝趴在我们的手臂上

让宝宝趴在我们的手臂上，然后将他抱起来。这时候，宝宝会自己把头抬起来，从而让自己的目光越过我们的胳膊肘，投向房间。刚出生的头几周里，宝宝仅能抬起头几秒钟。等到宝宝满 3 个月后，他就能够长时间地保持抬头姿势了。采用这个姿势，能让宝宝得到更好的安抚。如果宝宝腹痛，这种姿势很方便您打圈式地或由上到下地按摩宝宝的腹部，让宝宝感到舒服。这种姿势也同样为宝宝提供了新的理解周边环境的机会。要是宝宝在趴着时将背隆起，则需要您双手加大力量，牢固地支撑住宝宝的腹部。在准备让宝宝换一侧趴着时，或许您还可以趁此机会帮宝宝脱掉衣服。

小宝贝在被抱起时，感受到的是幸福与满足。稳定的步伐，也有助于促使宝宝安静下来。实际上，您在抱着宝宝行走时，宝宝也在积极地适应您的活动。也就是说，您和宝宝的活动融为一体，这是一种具有整体性的活动。但宝宝也并非亦步亦趋地跟随父母行动，只是他们的活动会受到父母行为的刺激。

在按照上述方式抱起宝宝时，我们可以鼓励宝宝同时进行别的动作，从而促使宝宝的整个身体、多种感官都参与其中。对新生儿来说，如果他们在被我们抱着时，能直接接触到我们的大面积肌肤，这会让他们感到非常快乐。皮肤的触感与衣服面料的触感是截然不同的。

西方文化习惯于利用各种移动设施寄放宝宝，例如，将婴儿放置在摇篮或婴儿车里面。但这些设施的空间狭窄，而婴儿身上往往还盖有额外的、厚重的毯子，这使得宝宝的运动空间十分狭小。

“当我把延斯放进婴儿车里，给他盖上小绒毯时，他常常会开始哭泣。很偶然地，我发现到他的脸在变红，全身都被汗水浸湿了。等我把他从婴儿车里抱出来的时候，我才注意到，婴儿车里简直就是一个蒸炉，因为太阳直射在车上。从那时起，只要不是很冷，我就只给他盖一块薄毯子。”（露丝，35 岁，护士）

“托马斯躺在婴儿车里的时候总是会哭，因为他的视线范围内只有婴儿车车篷。所以我经常把婴儿车车篷折起来，尽管如此，他能看的东西还是不够。”（乌韦，32 岁，社会学家）

如果宝宝已经能很好地用自己的小臂进行支撑，那么您可以让宝宝趴着，头靠在婴儿车的扶手上。这样，宝宝就能够从低矮的扶手看出去，观察周围发生了什么。**但切记，您不能让宝宝离开您的视线，免得他摔出婴儿车！**

刚出生的新生儿总是被安置在育儿箱里，因为此时的他们需要从狭窄的空间中获取安全感。该阶段一旦结束，宝宝马上就会开始产生大量运动的需求。

- ☑ 宝宝希望能够听到、看到，从而了解到周围环境中的各种动静。
- ☑ 宝宝是怎么听出爸爸妈妈正走向自己的？
- ☑ 爸爸妈妈的开门方式是怎样的？
- ☑ 什么时候能够看到爸爸妈妈？
- ☑ 爸爸妈妈是怎么引起宝宝的注意的？他们在谈论些什么？

刚出生的这几周结束后，就必须开始让宝宝不受枕头或毯子的阻挡，自由地在婴儿床上活动。如果宝宝有过敏的情况，马毛床垫或天然乳胶床垫都是有利于宝宝身体健康的选择。只有在室温低于15℃的情况下，才需要给宝宝盖上毛毯，否则一层薄薄的睡袋就已经完全足够。

2.6 婴儿背带

自古以来，成年人总是很喜欢用一块布把宝宝裹起来，然后将宝宝背在身上。直到今天，一些非洲人、印度人和因纽特人在背起小孩时，也仍然沿用着这种历史悠久的方法。最近，我们周围也开始有越来越多的父母使用起婴儿背带或其他类似的工具。

婴儿背带的优点：

☑ 宝宝有机会参与到父母的活动中，并从中获取多种促进其感官发展的刺激。

☑ 宝宝采取的是“臀部坐姿”，他会大大叉开双腿——这是相当健康的姿态，因为它能够预防宝宝出现一些髋关节错位/发育不良的情况（部分骨科医师还推荐将婴儿背带巾作为“髋关节蛙式夹板”的短期替代用品）。

☑ 宝宝的身体重量可均匀分散到父母的臀部、肩部、颈部以及背部，这使得成年人在背/抱小孩时能够更加轻松。

☑ 如果妈妈有家务要做，利用婴儿背带，她就可以一边照看宝宝，一边留出一只手自由地工作。

☑ 婴儿背带可促进母子间亲密的身体接触，让宝宝同时感受到亲密、温暖、皮肤接触以及其他有利刺激。但在此过程中，活动的重心不在宝宝身上（而是由父母进行）。

☑ 宝宝会不断尝试着更紧密地依偎在（父）母亲身体上，从而寻求自身的平衡。由此，宝宝的平衡感和触觉都可得到发展与提升。

☑ 切记，要不断交替着从两侧抱起宝宝，这样才能让宝宝的身体两侧同时得到良好发展。

在婴儿背带的包裹下，宝宝感到了舒适和愉快。如天赋一般，

他甚至完全“懂得”自己应当如何在此过程中做出恰当的行动。比如，当我们弯腰向前时，宝宝会反射性地抓紧我们的头发、衣服，或是任何他触手可及的东西，并试着依靠自己挺直头部，恢复竖直姿态。

但在使用婴儿背带时，您需要注意：**请不要让宝宝有过多的挤压感**——例如，您和宝宝行走在一个拥挤的人行道上时，也要保证宝宝的舒适度。

如果等到宝宝已经 4 ~ 6 个月大，您才初次有兴趣尝试婴儿背带，那么很可能会出现宝宝不甚开心的情况。原因在于，宝宝的天生反射活动此时已然消失，不会再得到触发，但他却尚未学会进行有意识的抓紧活动。因此我们的建议是：请您再稍等一两个月，等那时宝宝已经可以有意识地适应您的行为，做出相应的动作，他一定会对婴儿背带“爱不释手”。

在使用婴儿背带背 / 抱起宝宝时，**切勿让宝宝脸部朝下**。总地来说，这种姿势对于宝宝的自然成长并无多大益处。处于此种状态时，宝宝的抓握反射无法进行。从生理上来说，宝宝的髋关节也处在相当不良的位置，很容易过度负载。

2.7 让宝宝躺在您附近的地上

当宝宝一番酣睡后醒来时，他总是希望能够在您身边玩耍。您要随时观察宝宝，从而确定宝宝不同的清醒状态，并相应地选取恰当的游戏。

每种行为总有其“行为动机”。

要想合理地区分头几个月的婴儿的清醒状态，有下述3种方式。

1. 安静的清醒状态

此时，宝宝几乎不进行任何活动，但他却有着极强的接受能力。他努力睁大双眼，去看、去听、去感受。宝宝通过眼睛来观察周边环境，用耳朵聆听各种声音，他会模仿，并表现出自己的好奇。

——在此阶段，您完全可以和宝宝进行一次愉快的“聊天”，或是向他展示、描述一些事物。

2. 积极的清醒状态

此时，宝宝活动得十分频繁。他的眼神四处搜寻，并发出声音。这是一种积极的清醒状态，尤其当您给予了宝宝某些刺激，或是到了饭点时，您能够明显观察到。宝宝会活动手臂、双腿、全身，或仅仅是脸部。这些活动能够为父母和新生儿的互动提供有利机会。

——在此阶段，您可以尽量给宝宝提供一些可满足宝宝运动诉求的游戏。

3. 不安状态

此时，宝宝显得十分不安。他的呼吸不均匀，动作不协调，显得非常慌张、急促。在这种状态时，宝宝通常会哭泣。他的脸上可能出现一些奇怪的表情，小脸蛋变红，他的双眼圆睁或是紧闭，他用力挥舞着双腿和双臂。等您走过去抱起他后，他通常会逐渐停止哭泣，并开始怯生生地打量周围环境。

您可以在您身处的房间地板上放置一块毯子，让宝宝在上面玩耍。这样，宝宝的眼睛能够看到您，耳朵能够听到您，他会更积极地尝试各种可能的运动机会。有研究证明，一个能在房间里自由活动的婴儿，他的活动量要远超过一个待在封闭的婴儿围栏或婴儿床上的婴儿。让宝宝有机会进行更多的活动，对于宝宝的发展有利无弊。

宝宝俯卧趴着时，他会努力抬起头来，并保持头部挺起的状态。宝宝仰卧躺着时，他会用双眼观察您和周边的事物，并试着转动自己的头部。而那些总是待在摇篮里的婴儿，则几乎没有机会去尽情感受自己“与生俱来”的运动感。尤其是当摇篮处于倾斜位置时，来自宝宝相对较大的头部的重量，皆落在婴儿尚十分弱小的椎间盘上。尽管摇篮和这种类似的座椅装置价格不菲，但对宝宝的脊柱成长和运动发展而言，它们显现出了弊端。待在摇篮里的婴儿无法自由地向左或向右活动，他渐渐习惯了这种懒散的安逸，便不再尝试别的任何动作。婴儿躺在摇篮里，类比我们成年人，或许您可以想象自己正躺在一张躺椅上——的确十分舒适。不费吹灰之力，不用任何动作丝毫动弹，您可以纵览周围的全部环境。但您渐渐因此会变得迟钝，很可能在一段时间后感到不安和紧张。

而让宝宝在地板上玩耍，他能够有机会伸展双臂，用双手进行游戏活动。渐渐地，他的眼睛能够清晰地看到自己的双手，并逐渐在活动中察觉到手的存在。直至某一时刻，宝宝终于意识到：这是他的双手，他可以随心使唤它们。

“特别可惜的是，我家公寓的地板太冰凉了，而且屋子门缝还漏风，实在没法让我家娜丁待在地板上玩耍。”贝贝尔，这位31岁的女会计如是道。

如果是这种情况，该如何是好？要是公寓地板的确太过冰凉，您可以在宝宝玩耍的毛毯下再垫一层绝缘垫，或是给宝宝铺上一床厚实的被子。要是门缝漏风，您可以把一条毛巾团起来塞在门缝间。或许您可以亲自躺在地板上稍做感受，看看究竟哪里才是最适合宝宝待着的地方。

只有当我们将自己和宝宝的活动水平面置于同一水平上时——即也待在地板上——我们才能准确地了解到，宝宝在这里经历着什么，了解到哪些因素可能会扰乱他在此的活动。或许有时候宝宝总是盯着一盏灯看，眼睛都看花了，但我们却一无所知，根本没有察觉，因为我们只待在小孩活动水平面上方的空间里。因此，**要想更好地了解和察觉宝宝的感受，就要不断让自己置身于宝宝的活动水平面**——这是非常重要的。

有时候，宝宝躺在毯子上，只想自娱自乐一小会儿，但我们也应当让自己尽量停留在他的视线范围内，或是让宝宝能听到我们手中的餐具叮当作响，或是和他进行对话，用我们的声音陪伴他。

如果宝宝在很长一段时间内都在地板上趴着、侧着或躺着，那就需要我们去帮他转身，促使他用其他视角观察房间、周围事物，以及他的母亲。

“我明白，婴儿的‘趴’和‘躺’都是很重要的。但我的儿子一点儿也不想趴着玩耍。只要一趴下，他就马上开始哭哭啼啼。如果非要让他趴着，他甚至懒得撑起自己的身体，仅仅把头转到一侧。无可奈何，我只好让他一直躺着。”（安妮特，25岁，学生）

显然，这位母亲对自己宝宝的观察十分细致。她家的宝宝在趴着时，总是不愿意或是不能够将身体支撑起来，因此他在视线范围内能看到的东西很少，宝宝对此十分不满，从而开始哭泣。对于这种情况，希望下述建议能够有所帮助。

如果您的宝宝不喜欢“趴”：

那么您可以先坐在尿布台面前，将宝宝趴着放在尿布台上，让他处于能够看得见您的位置。然后，您或许可以和宝宝稍做“对话”，这时宝宝会抬起头来看向您。如果片刻后，宝宝的确不愿意继续趴着，那么就请您让他“称心如意”，并帮助他转过身躺下。

宝宝的确不应该长时间趴着，但是应该让他在活动中时常运用、练习这个姿势。当宝宝趴着时，或许您可以给他看一些有趣的事物，从而帮助他忘记此刻挺起头部的辛苦。

趴着和宝宝对话

请您躺在地板上，让宝宝和您面对面。记得和宝宝说话，这样他才会抬起头，将注意力投向您。只要他认出了您，他就会尝试着用更长时间保持抬头。图片中的宝宝正全神贯注地注视着他的母亲。

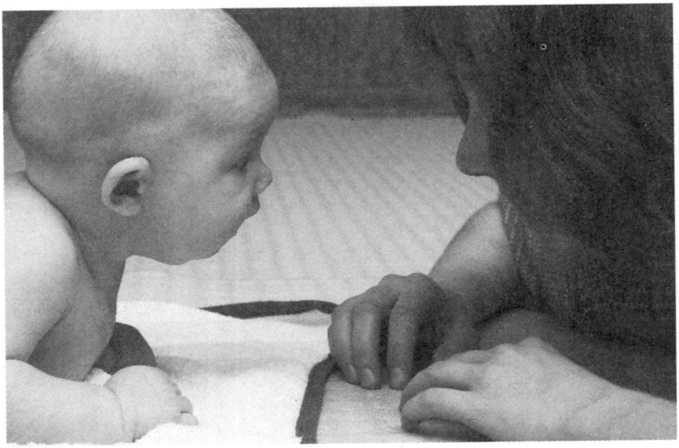

我们时常采用这种俯卧姿势和宝宝说话，会促使宝宝获得更强大的动力撑起自己的身体，并主动地抬起头部，因为他希望更好地观察母亲、父亲或别的任何吸引他注意力的东西。渐渐地，在俯卧时抬头，对宝宝来说越来越轻松，直至某一时刻，宝宝真心实意地喜欢上这种姿势。因为他会发现，这个姿势能够让他看清整个房间。

您可以在地板上分别尝试“趴”和“躺”这两种姿势。您会发现，和躺在地板上相比，趴着能够让您的身体更活跃，让您的视野更开阔。您对于让宝宝趴着有所顾虑？或许是因为您曾听说，宝宝在趴着时，其呼吸的次数会低于躺着时。但请您放心，只有在睡觉时，宝宝才可能出现呼吸中断的情况，而不会发生在宝宝醒来趴着玩耍的时候。

当宝宝正俯卧趴着时，我们可以顺着宝宝的颈部和背部，用手给他施加轻微的压力。这是一项有益于宝宝的活动，它还能促使宝宝更加努力地抬起头部。

让宝宝趴在我们身上

此外，我们还有一种方法能帮助您的宝宝适应俯卧姿势，那就是让宝宝趴在您的身上。您可以在脖子下方放置一个滚轴，舒服地躺下，然后让您那才几天或几个月大的宝宝趴在您的上半身上。这时候，宝宝能感受到您的心跳，能感受到您身体的上下活动，这会促使他像图片中的这个婴儿一样抬起头来。

如果您的宝宝已经差不多满了 3 个月，那么您还可以稍微前后摇摆身体，从而增加自己的活动幅度。宝宝也会积极地配合您的活动。要记得用一只手撑住宝宝的臀部，让他和您的身体保持相对静止，从而保障他的安全。当您开口和宝宝说话时，他会试着抬头看向您。他会倾听您的声音，并感受那种产生声音的振动。宝宝很可能还会活动他的腿部，在您的身上尝试爬行。

当然，您也可以让宝宝仰卧躺在您的上半身上。请您时刻关注自身感受，并注意宝宝最喜欢的位置。您也可以稍微弯曲身体，躺在沙发椅上，让宝宝俯卧在您的上半身，然后用双手环抱住宝宝的身体，将他稍微举高一些。在维持这个姿势时，宝宝会兴奋地、主动地用脚踩您的大腿。切记，宝宝的重量要全部交由成年人来承担，因为宝宝自己还未学会用脚站立。

将宝宝放在小腿上

如果宝宝已满 3 个月，这时候可以把宝宝放在我们的小腿上，因为他现在已经能够更熟练、更有力地支撑住自己的身体。切记，要用手固定住宝宝的身体，一旦他筋疲力尽，我们就能够立即有所察觉。

等宝宝在地上躺一段时间后，他很可能会变得不安，发出不满的声音，好让您也躺下陪他。在这个时候，您要注意观察宝宝现在的兴趣在哪里，并支持他、鼓励他进行下去。

有时候，宝宝在毯子上正自得其乐，可您恰好此时才有精力、有时间陪他玩耍。这时候就需要您仔细思量片刻，判断宝宝此时究竟是要“独乐乐”，还是要“众乐乐”。**您最好不要打断宝宝自己选择的活动，让他保持“独立”——让他独自做他独立选择且有能力进行的事情。**

帮助俯卧的宝宝抬起头部

刚开始学习“趴”的时候，不少宝宝都需要从父母处获得一些帮助，才能最终达到满意的状态。您可以先暂时帮着宝宝撑起他的头部，然后把一块毛巾紧紧地卷成一团，放在宝宝的胸口下，然后让宝宝把手臂摆放在毛巾卷的前方。如此，宝宝会试着撑起手臂，抬起头，他的背部得到舒展，腿部也经常会做爬行活动。

而对于那些才几周大的婴儿，我们要用自己的小臂来代替上述的毛巾卷，如下页图片中所示。感受到和我们的皮肤接触，会让宝宝更加开心舒适。首先，将小臂放在宝宝的胸口，将其上臂摆放在我们的手臂前方。宝宝依然会依靠自己的小臂支撑身体，并抬起头。这样的亲密距离，活动过程中的身体接触，能够让我们和宝宝之间产生十分亲密的联系。

请您在活动过程中观察您的宝宝：

☑ 他看向了什么方向？

☑ 他的表情看起来满意吗？

☑ 他是否在蹬腿？

☑ 他在倾听周围的声响吗？

☑ 他是否发出了一些嘟囔声，或是别的什么声音？

☑ 他是否因为玩得入迷而非常安静？

☑ 您陪伴着坐在他身边，他开心吗？

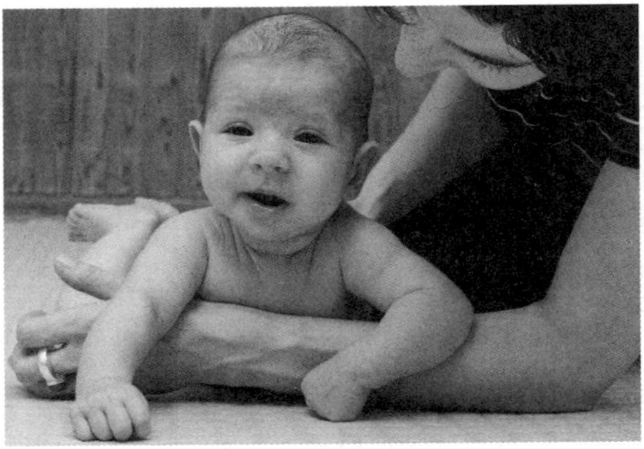

您最好一边观察宝宝，一边将观察结果与宝宝进行的游戏结合在一起考虑。

要是您发现宝宝在自顾自地嘟囔，或许您可以注视着他，并采用相同的声音作为回答。您会发现，您和宝宝在此刻进行了一场真正的对话。宝宝也会发出比先前更强烈的声音，并且模仿您。

有熟悉的人（尤其是父母）帮助宝宝积极投身各种活动，其效果会远甚于任何玩具。

要想宝宝能够愉快地进行自由活动，就一定要记得给他们换上宽松、舒适的衣物——过于紧身的衣服显然并不适合宝宝。或许您还不太清楚应该给宝宝穿上多厚的衣服，那么原则如下：如果宝宝现阶段仍较少活动（如在刚出生时），就要适当地让他们穿戴得比我们稍厚一些；如果宝宝已经开始积极主动地运动，那么他们的衣服和我们差不多厚就足够了。对宝宝多加观察，渐渐地您就能够学会如何一眼看出宝宝是穿得太多或是太少。

宝宝手脚冰凉？

这并不一定能作为衡量衣服厚薄是否合适的标准。不少人都会出现手脚冰凉的情况，但这并不意味着他们就觉得寒冷。手和脚是距离心脏最远的部位，因此这里供血最少。要是您拿不准宝宝是觉得冷还是觉得热，或许您可以按照下述方法进行确认：将您的手放在宝宝脖颈发际线的下方位置，并感受这里的温度。如果宝宝的这个部位的确很冰凉，那么就需要给宝宝保暖；如果这里还在冒汗，那就说明宝宝现在其实很热。宝宝被汗水打湿后吹了风，很容易感冒。

有时候，宝宝可能会因为牙疼而把手放进嘴里吮吸。而有时候，宝宝这样做是因为他们的双手非常湿冷。如果是后者情况，我们首先应当擦干 / 烘干宝宝的手部，然后轻轻抚摸他们的双手（见第 085 页）。这样做的时候，宝宝会不断张开、握紧他们的小手，这种活动也有助于宝宝的手部恢复温暖。

比起给宝宝套上温暖的厚袜子，能够更加有效地温暖宝宝脚部的方式是：给宝宝提供一定的运动刺激，促进宝宝用脚来开展游戏。

请您尝试下述游戏：

抚摸宝宝的脚

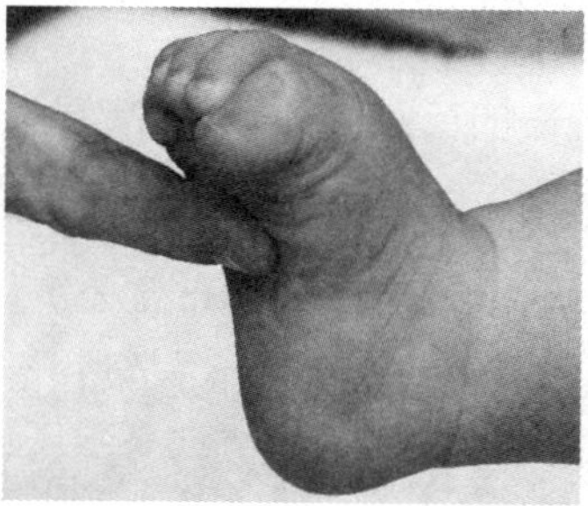

如果轻柔地抚摸宝宝的脚部外侧边缘，那么宝宝会把脚朝外翻转；如果抚摸宝宝的脚部内侧边缘，那么宝宝会把脚朝内翻转；如果用手指触摸宝宝脚趾头下面，那么宝宝会伸手抓住脚趾；如果用一根手指

碰触宝宝的脚掌心，那么宝宝会分开他的脚趾。

通过开展这些游戏，宝宝的脚部可重新恢复温暖和活跃性，他们的足部肌肉能够获得良好的发展。可惜的是，我们通常很难意识到脚部活动的重要性。宝宝很早开始就被连脚裤、袜子、鞋子等衣物所束缚，这使得他们的脚部很少有机会进行活动。

给“双脚”更多机会进行自由运动，总是十分重要的。我曾看过一部主人公是一位年轻女人的电影。她没有手臂，没有双手，却深深地吸引并打动了我。自儿时起，这位女主角便开始利用她的双脚来完成各种事情——各种我们需要用手才能做到的事情。她是那样的灵活熟练，甚至可以毫不费力地用脚分离鸡蛋的蛋黄和蛋白。

脱掉衣物后，宝宝会感到特别舒适愉快。调查显示，光着身体的婴儿和穿着衣服的婴儿相比，哭泣次数更少，活动量则更大。一定要记得摘掉宝宝的尿布！因为不穿尿布能让宝宝感觉更好。裸着身体的宝宝可以更好地挥舞四肢，触摸他们那些原本被包裹起来的身体部位。您可以做这样一个类比：适合成年人穿戴的纸尿裤，其尺寸大概是婴儿纸尿裤的 3 倍大小，它会围住人的腰部，还要覆盖住部分大腿。请问穿戴上这样一个纸尿裤的您，现在是否还能有心思开展别的活动？——大概答案是“没有”。

如果宝宝脱掉了衣服、光着身体玩耍，他就需要待在一个足够温暖的玩耍空间内，25℃是最为适宜的温度。多观察宝宝，我们会逐渐弄清楚感到寒冷的宝宝会有什么表现。

我们应当如何布置公寓，才能让房间里赤裸身体玩耍的宝宝感到舒适和温暖呢？或许您家里有用于供暖的热风设备，那么在给宝宝脱衣服的时候，您完全可以用到它。或许您的浴室里安装了浴霸，那么您就可以让光着身体的宝宝坐在浴霸灯下面玩耍。

“我干脆在家里的暖气旁边腾出了一片区域，专门用来给米拉脱衣服——这里足够温暖。”（索尼娅，28岁，企业经济学家）

31岁的保育员玛蒂娜则补充道：“如果天气晴朗，阳光从窗户洒下，我会让莱亚在窗边穿脱衣服。不过这样做的缺点是，莱亚会目不转睛地盯着太阳看，我只好让她脸朝下地趴在地上。她很享受这种时刻。”

出生后的头几周过去后，您的宝宝会找到他的生活节奏：他开始知道自己什么时候想睡觉，什么时候想吃饭，什么时候最适合玩游戏。您也应当做好相应的准备。宝宝的“独处”时间有着独特的价值，但是您和宝宝“共处”（一起玩耍）的时光也同样重要。您最好将每天陪宝宝玩耍的时间固定下来，这样宝宝才能更好地适应这个节奏，并每天对“这一刻”翘首以盼。

“我们家托比亚斯经常会自己在小床上玩耍。我很乐于让他自娱自乐，尤其是因为他的哥哥总是希望从我们这里获得关注。一旦托比亚斯的小脸拉了下来，我就会赶紧走到他的身旁。但最近托比亚斯不高兴的情况出现得越来越频繁了。”（乌特，29岁，护士）

的确，托比亚斯已经学会了自娱自乐，但他也总是有和父母共同玩耍的念头。他会发现，如果他哭了，爸爸妈妈就会来到他身边。于是他了解到：“我必须做个会哭的宝宝，才能得到爸爸妈妈的关注。”

将共同玩耍的时间固定下来的好处也体现在这里：宝宝会适应这个固定的时间表，想要获得父母陪伴而出现的频繁哭泣也会相应减少。

“我们家实在不够温暖，不足以让马伦光着身体待在地毯上玩耍。于是，每次给她换尿布的时候，我会特意让她光着身体几分钟，或是简单地给她套上一件衬衫，然后利用这段时间陪伴她共同玩耍。她很喜欢自在地活动，很乐意脱掉衣服。等我再次给她穿上衣服，她就会开始哭泣。没有尿布的束缚，自由自在地蹬腿，这一切都让她觉得兴致勃勃。”（安雅，36岁，心理学家）

“托马斯躺在尿布台上，我弯腰俯身趴在他上方，他总会‘过分热情’地用脚踢我的肚子。”（莉泽尔，25岁，社会工作者）

在这里，托马斯并非在表达攻击的意图，而是他的反射性运动模式得到了激发。请您给宝宝提供更多的活动机会，让他们有意识地将身体参与到其中，并利用上述反射性的运动机制。如果宝宝的腿部表现得不太灵活，说明该项游戏不适合您的宝宝。我们需要避免任何有可能造成宝宝身体僵硬的动作。

3

针对 1 岁宝宝的活动和游戏建议

3.1 PEKiP 的基础

在当今社会中，无论是成年人还是小孩，其实大家都缺乏足够的运动。快速的生活节奏，促使我们在出行时总是搭乘快捷又舒适的交通工具，而大部分工作又都是“办公室工作”，并不需要身体的活动。

我们的公寓大多很狭窄，可供宝宝活动的空间也非常少。在婴儿时期缺乏运动，会对人们产生持久的影响。宝宝刚出生时，他们总是被安放在小床或摇篮里，很少被父母抱起来，而外出时则有婴儿车代步。通常来说，只有在喂食、换尿布和洗澡的时候，宝宝才会被抱起来。

早在出生前，宝宝就已经在母亲子宫中进行了大量运动，以适应母亲的一举一动。因此在出生后，他的自由活动也应该尽量少受到限制。宝宝一出生便能够展现出多种运动技能，例如，弯曲和伸直手指、手臂、腿和脚，或者宝宝想在趴着时支起身体，他就会先将膝盖垫在自己的肚子下面，并用手紧紧撑住地面。

让宝宝出生不久后就有机会充分体验自己的运动冲动，对宝宝而言十分有益。千万别让过紧的襁褓或不舒适的衣物（如紧身牛仔裤等）禁锢住宝宝。

在出生后的头一年内，宝宝主要将其监护人作为媒介来了解自己的生活环境。考虑到这一点，如果监护人能够为宝宝提供丰富的机会参与自己的生活，从而让宝宝积累起更多关于环境的经验，显然具有举足轻重的意义。宝宝从出生起就开始积累经验，在这些经验的基础上，他们能够获得自己的进一步发展。

宝宝还只有几天大的时候，我们可以用不同的方式将他抱起来（参考 52 页起的关于抱起宝宝的建议），让他和我们一道，参与到我们的生活中来。

如果宝宝的能力在此过程中不断得到扩展，那么他会越来越热爱运动，并且越来越得心应手。但如果他受到太多限制，那么他们始终都会像刚开始那样笨拙和迟钝。

“我家科妮莉亚待在客厅地毯上玩耍时，老是会翻身摔倒，然后她就开始哭泣。我只好让她待在摇篮里，这样我才能更好地看着她。一开始，她还会不满地哭哭啼啼，但渐渐地，她开始能够安静地坐在摇篮里了。可是过了几天，等我想让她回到地板上玩耍时，才发现她不像以前那样好动了。现在，我走到哪儿做家务，就把科妮莉亚和她的毯子带到哪儿。她也很满意，还会把脖子伸得长长的。”（贡德尔，31 岁，药剂师）

这位母亲的确注意到了运动给她女儿带来的快乐。出于安全考虑，她一开始不得不限制了女儿的活动。但是通过观察，她注意到，科妮莉亚的发展进程出现了退步，于是她相当敏锐地进行了妥善的应对。“摔倒”是许多婴儿在学习爬行的前期阶段里不得不经历的一步。

对身处各种日常生活情境中的婴儿进行观察，我们会发现：**独立运动，是健全的儿童生活中的重要组成部分。**

儿童表达情绪、感受和关系的方式往往是运动。运动技能的掌握还能促进宝宝达成其他进一步的成就，如感官功能的发展，对感知世界和想象世界的构建，语言、思维、意志力、社会行为以及各种体验能力的发展。

您可以这样想象：人在刚出生时，他的中枢神经系统就像一棵大树一样，仅有几个分支。通过接受刺激——尤其在出生后的第一年——这棵大树和它的分支获取了营养，它们能够成长，并衍生出进一步的分支。

我们给宝宝展示一个拨浪鼓。宝宝会看到它，用眼睛追随它，他的“视觉树枝”上的分支得到了促进和成长。同时，宝宝能够听到拨浪鼓发出的响声。而当宝宝摇动拨浪鼓时，他又获得了有关触觉的经验。在宝宝的中枢神经系统中，这些刺激被视觉、听觉和触觉所属的区域接收，并促使这些区域分化出新的分支。

视觉感知能力的提高会表现在宝宝对于物体的观察和注视中。一开始，宝宝出于天生的反应，会盯着放在眼前的物品。不久后，他会开始有意识地打量这个物品，并产生不同的感受。要想让宝宝“理解”拨浪鼓，首先要由宝宝熟悉的人将拨浪鼓展示给宝宝，从而吸引宝宝注意到这个物体。当宝宝摇动拨浪鼓时，他能够听到它、看到它并感受到它。一开始，宝宝的探索是充满不确定性的。通过反复的拨弄和触摸，宝宝对“拨浪鼓”这个物体的感受逐渐变得稳定。宝宝开始想象成年人会如何称呼这个物品，也就是说，在前语言发展阶段，宝宝其实就已经接纳了“拨浪鼓”这个概念。一旦宝宝在这个阶段懂得了这个概念，那么到了稍后学习事物名称的阶段时，他就不会遇到困难，因为他已经提前接触过这个事物并“理解”了它。

拨浪鼓这样的玩具，对于出生几个月的婴儿大有益处。发展早期，宝宝的手和手指运动发展对于宝宝的**语言习得能力的锻炼**具有重要意义，因为宝宝只有先学会有目的地用手抓取东西之后，才可能学习复杂的嘴巴活动。可见手掌和手指的活动均能够刺激宝宝的语言发展。此外，拨浪鼓还可供宝宝触摸和观察。宝宝不仅能够“看到”，还能够通过触摸，在物体和名称描述之间建立起记忆连接。这就是除了给婴儿提供抓取玩耍的物品外，还需要同时告诉他们物品名称的原因。

如果宝宝已经有能力持续地将其原本不受控制的手臂伸向特定的某样物体，就说明他已经可以妥善地调动眼部和手部的动作。在眼睛的控制下进行手部的活动，这个过程既包含了宝宝身体上的努力，也离不开其精神上的努力。

如果儿童在成年人那里仅获得了较少的刺激，那么他之后的运动方式可能会不够多元，其抓取物品的能力以及命名的能力可能会不够完善。

许多研究均表明：

- ☑ 环境条件对于宝宝的运动发展具有重要意义。
- ☑ 各种促进自身积极运动的发展刺激，是宝宝身体、精神和社会情感全面发展的重要前提。
- ☑ 重复，对宝宝的学习能力有积极的影响。

运动发展也会影响精神发展。限制宝宝的运动，例如，过多使用学步车、摇篮、婴儿围栏等，会对宝宝其他领域的发展产生不利影响。

《通过运动进行的儿童教育》一书与J. 科赫的观点一致，为父母提供了多种关于运动和感官刺激的建议，它们能为宝宝的人格的各个领域发展提供支持。

大量观察结果显示，参加了PEKiP小组的宝宝在年满1周岁时，其社会性和独立性发展均表现出了良好的综合发展情况。

要帮助婴儿发挥多样的发展可能性，除了需要全面的、重复的刺激，还需要照顾宝宝的监护人格外有同理心。例如，宝宝刚出生时，其皮肤感觉就已经发育良好。对于来自他人的抚摸和温暖，宝宝表达出满足的反馈。研究显示，如果宝宝在出生头几天就能经常获得抚摸，会比没有得到这种关注的宝宝有着更积极的发展。

父母有责任去激发宝宝的各种能力：他们的感官、行为、思维、话语、感受，他们的行为方式、生活经历的积累等。（J. 科赫）

必须为新生儿创造良好的情绪条件，才能让他们感觉到幸福、快乐。科赫的理论，皆以针对中枢神经系统的刺激和早期运动刺激对发展的影响这两点作为出发点和根据。

在 PEKiP 中，**感官刺激**和**社会接触**这两个方面被视作一个组合单位。当宝宝受到刺激，身体开始活动时，他大脑中的血液含量要比平时更多。随着脑部供血增加，宝宝反过来也变得更加容易受到刺激。这些刺激很可能在宝宝出生头几周就已经开始了。即使您的宝宝已经超过 6 个月，您也可以利用这些运动刺激来支持他的发展。只要符合宝宝的生长和发展状况，就会有所裨益的。

在早期学习中，宝宝一边熟悉着外界的生活环境，一边还在学习和获取有关自身的知识——如何运用自己的身体和感觉器官。对此，成年人要在等待和给予刺激之间，在小宝宝对需求的感受与他的反应和行为之间找到平衡，这并不是一件容易的事。

出生后头几个月、头几年所积累的经验，对于宝宝的健康发展至关重要，此后成长发展所需的经验均建立在早期经验的基础之上。沟通，特别是父母与宝宝在前语言阶段的话语交流，尤其会影响宝宝正式的语言发展阶段。实际上，语言发展本就是社会关系的一部分。

在出生后的第一年里，宝宝在毫无背景知识的情况下，不断获取着有关身体、感觉器官、运动和语言发展、精神和情感成长的经验。在这个阶段之后的各种学习，以及对新情境的掌握，则都是一种“已知”和“未知”的混合物。

3.2 陪伴宝宝玩耍的前提

在开展游戏、提供刺激的过程中，您需要注意下述几项原则性的问题：

☑ 请您每天都花一点时间专门用来陪伴宝宝玩耍。尽量将注意力集中在您的宝宝身上，而不要考虑其他事情。无论是母亲还是父亲，皆是如此。尤其是父亲，如果您能够总是在傍晚的固定时间陪伴宝宝玩耍，宝宝会特别开心。因为他会习惯于这样的时间表，并对这段时光充满期待。

☑ 在和宝宝玩耍时，您最好将佩戴的珠宝悉数摘下，如手表、手镯、戒指等，免得伤到宝宝。

☑ 如果能让宝宝赤裸着身体玩耍，显然是最好的。宝宝可以更自由地活动，其玩耍的满意度也会提高。您要积极地帮助宝宝进行“脱衣服”这项活动，一定要全神贯注。或许您还可以同时给宝宝略做解释，告诉他您要做什么。这也有助于增强宝宝的注意力和集中程度。

“保罗，现在我们要脱掉湿湿的尿布，湿的衬衫也要脱掉啦！你先抬起屁股，这样我才可以脱下裤子。做得很好！现在我要脱掉你的衬衣，先把手臂给我。嗯，做得很好。来，现在稍微弯曲一下手臂，我才可以把袖子从手臂上脱下来。你真的很棒！现在另一只手也这样。好啦，要注意，可能会稍微变黑暗几秒钟，因为我们必须把衬衣从头上取下来。我知道的，你不喜欢这样，我会快点。好喽，保罗，快看，你又出来啦！现在我们来把湿尿布脱掉。哦，你喜欢这样，好吧，现在没有尿布了，快活蹦乱跳一会儿吧！”

您一边给宝宝脱衣服，一边说出这样的话，宝宝也会认真地倾听。他就这样听着您的声音，渐渐地，他能理解的词汇越来越多，他倾听的热情也越来越高涨，还会做出相应的回答。

一次良好的共同玩耍的目标是：

- ☑ 和宝宝快乐相处。
- ☑ 当宝宝独自活动时，留心他的动向。
- ☑ 留给宝宝单独玩耍的时间。
- ☑ 全身心地关注宝宝。
- ☑ 知晓宝宝的需求。
- ☑ 鼓励宝宝尝试新的可能性。
- ☑ 弄清楚自己对于宝宝的感受。
- ☑ 并将这种感受清楚地展现给宝宝。
- ☑ 按照本能地、顺应自己感受地采取行动。

您对宝宝的感受不会总是只有积极的一面。例如，您想给宝宝换衣服，他却不断向您吐唾沫，这时候您自然会产生愤怒和抗拒的感觉。请您不要烦恼，要坦然地接受这种想法。如果您是第一次遇到这种情况，或许这种情绪还可以转变为促进亲子关系的桥梁。

比起直接让宝宝察觉到您的消极情绪，暂时不和他玩耍或许才是良策。您可以寻求一些放松的方式，也可以与他人分享您的疑虑和感受。例如，您可以选择和宝宝一起或是独自一人，静静欣赏您最爱的音乐。

下述建议可以帮助您创造一个更良好的氛围，让您和您的宝宝在游戏中都获得快乐：

☑ 可供宝宝玩耍的空间越宽敞，宝宝的活动量也会越大。您可以在地板上放置一块毯子，让宝宝在地面上充分表现其运动欲。

☑ 比起单纯丢给宝宝一个玩具，您陪着宝宝一起玩耍，会让他玩得更加愉快、专注。

☑ 靠近宝宝时，您一定要做到小心、谨慎，免得吓到宝宝。

☑ 当您和宝宝的游戏结束时，或是您想让宝宝躺下时，最好将您的手继续放在宝宝身上一段时间。对宝宝而言，游戏缓慢地走向尾声，而他还能继续感受到您的亲密和温暖，是非常有益的。

☑ 只要宝宝需要，就一定要保证他在每次游戏后都能够得到休息和放松。是否休息、如何休息，都要由宝宝决定。

- ☑ 对刚出生几周和几个月的宝宝而言，如何为他们挑选恰当的游戏和游戏顺序，应当遵照这样的原则：要让宝宝交替进行安静的和劳累的、俯卧趴着和仰卧躺着的各种游戏。
- ☑ 要想避免宝宝身体两侧发展不均衡的情况，在进行游戏时，您要同时注意考虑到宝宝身体的右侧和左侧。
- ☑ 宝宝是否快乐，这才是游戏中最重要的问题。如果宝宝对某个游戏已经不感兴趣，请您终止这个游戏，并换成另一个游戏。
- ☑ 您应当鼓励处于清醒状态的宝宝进行那些与他当下的运动能力和愉悦度相匹配的活动。
- ☑ 强求宝宝做任何不适合的活动，只会招致宝宝的反感，且并不会对宝宝的继续发展有任何意义。
- ☑ 在进行游戏时，要记得始终和宝宝保持眼神接触，还要一边说一些亲切的话语——要知道，“人”才是最好的刺激。
- ☑ 那些适用于几个月大的宝宝的刺激活动，基本也适用于稍大的宝宝。

在前面的章节中，我们通过各个主题提及了针对出生头 3 个月的宝宝的一些刺激建议。下述的部分游戏，您或许早已无意识地和宝宝一起进行过，这些游戏可能是您和宝宝的日常生活中的一部分。但我也希望，您现在能够有意识地开展这些游戏。

PEKiP 游戏的宗旨始终是支持宝宝的发展。其中，那些最“常见”的父母行为往往最有效。

3.3 针对 1 ~ 3 个月宝宝的刺激活动

其实宝宝并不存在所谓的“一出生，傻三月”的情况。实际上，婴儿从出生起就已经具备良好的接受能力，他们会积极地参与到学习中。

下述几条原则对宝宝来说十分重要：

- ☑ 要进行简单的但不断重复的刺激。
- ☑ 节奏要缓慢，劳逸要结合。
- ☑ 要对宝宝的行为做出恰当的理解。

这些原则只能通过社会联系来实现。宝宝的反应体现为表情，再到动作，最后到语言。父母会感知到这些信号，继而做出相应的回应。父母大多凭借直觉来察觉婴儿的各种能力。

除上文提及的游戏之外，您还可以在宝宝出生的前 3 个月里采用下述刺激建议来支持宝宝的发展。宝宝刚出生，您便可以开始尝试前几种游戏，因为这些游戏对宝宝来说，既具有刺激性，又不会过分吃力。

抚摸宝宝

您最喜欢如何抚摸宝宝？您会使用整个手掌来抚摸宝宝吗？或者您还利用嘴巴、脸部和头发？您抚摸的只有宝宝的身体吗？

如果您自己更偏爱轻柔的抚摸，那么也请您轻柔地抚摸宝宝。

一边抚摸宝宝，一边观察他最喜欢的被抚摸的方式。

如果在抚摸宝宝时，您手上稍加了些许压力，此时宝宝的脸上有什么神情？宝宝轻抚吗？如果宝宝喜欢被羽毛轻抚，那么您可以用羽毛划过他的肚子，并用手继续轻抚他的腹部。如果宝宝不喜欢这种方式，那么请您将羽毛收回。您的宝宝偏好柔软的面料（如丝绸或毛皮），还是更坚固的面料（如亚麻布或毛巾布）？试试软刷或桑拿手套会怎么样？当您用稍硬的东西触摸宝宝时，他会将您的手推开，还是会享受？——这一切的答案，您都能从宝宝的脸上和动作中找到。

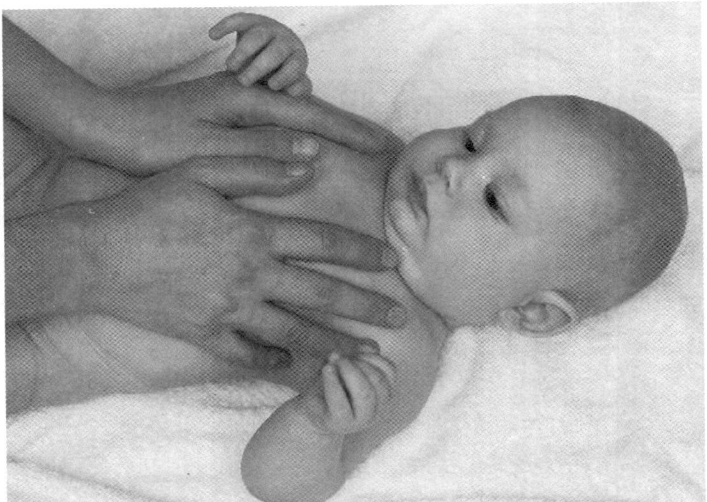

请您使用您的整个掌心来抚摸宝宝。通过被触碰、被抚摸，宝宝逐渐产生了对于自己皮肤的感受，从而获得有关身体的意识，并慢慢发展出**自我意识**和**自我控制。**

请您抚摸宝宝的整个身体，并注意观察宝宝最喜欢哪种被抚摸的方式。宝宝也会试着伸手触摸您，从而了解您的触感，并学习到他的动作可以带来何种影响。

如果您的宝宝很容易患上皮肤问题（如神经性皮炎），那么抚摸他并让他感到舒适不会是一件易事。但在这种情况下，让宝宝得到抚摸、感受关怀，并获得适量的针对皮肤功能的刺激，对宝宝而言更加重要。

皮肤一方面分隔了身体与环境，一方面也将这两者联系了起来。

通过抚摸，将宝宝的双手打开

宝宝仰卧躺在您的面前。如果他的手总是握成拳头，那么您可以通过下面这种方式来促使宝宝松开他的拳头。

请您轻轻抚摸宝宝手部的外侧边缘，或是同时抚摸宝宝的手部外侧边缘和手背。如此，宝宝会像图片中的这位 4 周大的宝宝一样，逐渐松开拳头。

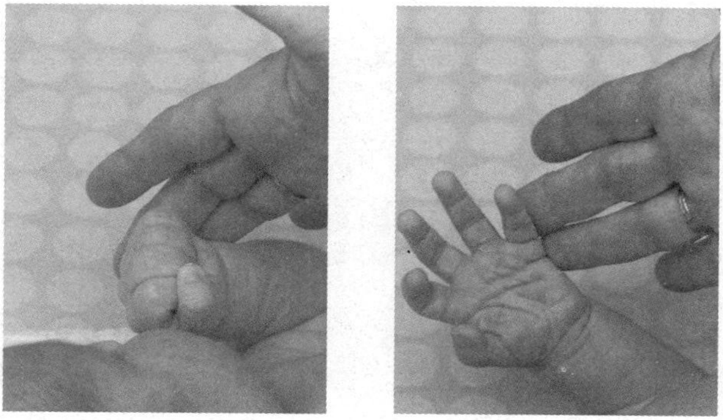

宝宝没多久就又握成了拳头？您不必忧虑，因为这项刺激的重点并非是帮助宝宝始终张开双手，而在于促进他的手部进行开合运动，从而刺激宝宝的手部肌肉，放松宝宝的手部，让宝宝进行活动。也许您的宝宝会在您抚摸他时不断地挥动手臂，使得您很难继续抚摸他。但您不必抓紧宝宝的手臂，而应当任由他自由活动。可以稍等一段时间后，再作尝试。

为了能让宝宝身体两侧得到均衡的发展，您需要按照上述方式，试着抚摸宝宝的另一只手。如果宝宝在这种刺激下还没有松开拳头，那很可能是因为宝宝太紧张了。您可以先让宝宝躺在您的大腿上，让他感受到温暖和柔软，让他能够注视着您。

您也可以尝试抚摸宝宝的手部内侧，或将一根手指放到宝宝张开的手掌里。宝宝会反射性地抓紧您的手指。实际上，宝宝更乐意于抓住您的手指，而不是一个冷冰冰的物体，因为宝宝更喜欢向人表达回应，而非物体。

如果您将别的东西放在宝宝手里，宝宝大概也会抓住它们，例如，光滑的织物、天鹅绒、丝绸或是毛巾布。您也可以递给宝宝一枚戒指，戒指的材料更冷、更坚硬，有助于让宝宝了解到，不同的东西会带来截然不同的感受。

宝宝在出生头几周内进行的抓握行为，并不是有意识的，而只是一种条件反射，这种反射会逐渐消失。等宝宝再稍大一点，他会开始学着有意识地抓取东西。

在递给宝宝您的手指或是一样玩具后，您还要记得一边同他讲话。您要告诉他，您给了他什么，并鼓励他坚持抓下去。宝宝“艰辛”地握着玩具，您的话语会给予他力量。

这样，您会发现宝宝的拳头每天打开得愈发频繁，持续时间也越来越久。

到了出生后的第 8 周至第 10 周，宝宝开始学着用双手感触事物。我们可以拿给他一个珠链、软管或编织布袋。

新生儿能通过眼睛接收到许多种刺激。宝宝出生后，父母总会长久地凝望着宝宝的脸，或是和他们低声絮语，目的是吸引宝宝的注意力。当宝宝终于看向母亲时，母亲常会抬起眉毛，睁大眼睛，向前弯曲身体，露出微笑，并继续她和宝宝的“交谈”。通过反复体验这种情境，宝宝逐渐建立起一种针对**“面部特征”**的回应模式，也就是说：相较其他物体，宝宝在看到一张生动的脸时，他的探索兴趣会浓烈得多，他的活动也会更积极——其实宝宝天生就对各种面孔怀有更深厚的兴趣。随着宝宝的不断长大，出于对社会接触(联系）的需求，他们开始有意识地寻找成年人的面孔，并投去热切的目光。相应地，母亲也会对宝宝的注视做出回应。

为了帮助宝宝在视觉领域积累更广泛的经验，我们应逐渐让宝宝有机会看到不同的事物和人。

让宝宝盯住我们的脸

请将脸凑近才出生几天的宝宝，让他能够清楚地看到您。您和婴儿脸部之间的最佳距离应为 20 ~ 25 厘米。

如果您已经确定自己的脸正处在宝宝的视线范围内，您可以缓慢地将脸朝一侧移动稍许。在移动时，请注意不要让自己完全离开宝宝的视野范围。接着，您可以缓慢地移回中间位置，并再次朝向另一侧移动。这项游戏成功与否的标准：您的脸部是否能保持在宝宝的视野里。

刚出生时，宝宝只能很小幅度地左右活动自己的眼睛。只要您坚持和宝宝进行这项游戏，您会发现，宝宝的眼睛转动幅度将逐渐增加。等宝宝满了 3 个月，他很可能已经可以左右转动头部了。

让宝宝盯住他的玩具

如果宝宝已经能够十分熟练地盯紧您的脸，那么您可以提高难度，在宝宝眼前移动一个容易辨认、体积合适的彩色玩具，从而进一步地锻炼宝宝。

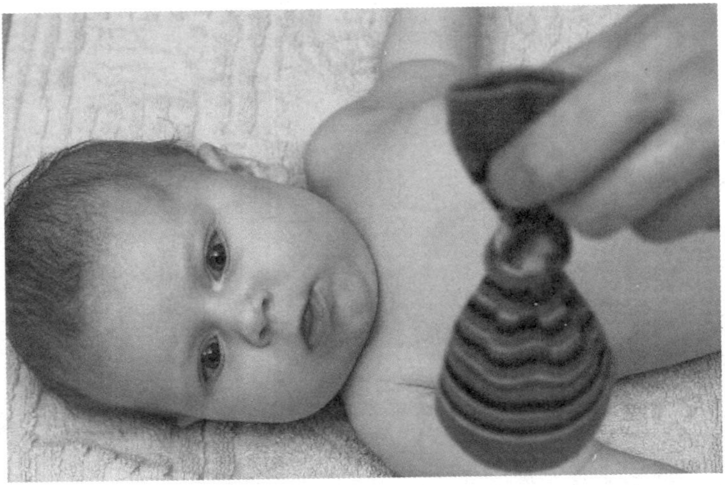

“安妮卡不太喜欢盯着拨浪鼓看。我发现她要么看向其他地方，要么就盯着我看。”

这是当然啦！玩具绝不会像您一样有趣，毕竟它不会做任何表情，也不能给予宝宝任何回应。

人，才是促进宝宝积极活动的最佳刺激。如果您能在陪伴宝宝玩耍时充分展现出敏锐和细腻，那么宝宝在活动中的愉悦感也能大大提升。

“有那么几次进行得还算顺利，卢卡斯会紧盯着我的脸。但多数时候，他根本不会这样做，我有时候甚至觉得他像是在故意看向别的地方。只要我把脸移进他的视野范围内，他马上就会转开目光。有时候，他甚至会把头转向侧面。难道他不想要看到我吗？”

要知道，婴儿开始厌倦这项活动时的确会有这样的表现，但这和您本身没有关系。对于这个年纪的宝宝来说，能在短时间里保持精神集中，注视着某样事物，为了不让这个事物离开自己的视线，眼神也紧紧地随之活动，就已经是一项巨大的成就了。

请您思考宝宝不愿继续游戏的原因：

- ☑ 游戏时间是否已经足够长，所以他现在需要一些休憩的时间来整理这次经历？
- ☑ 宝宝是不是累了？
- ☑ 宝宝是不是希望在这段共同游戏的时光后，稍微单独玩耍一会儿？
- ☑ 宝宝是不是饿了？
- ☑ 宝宝是否被周围环境分散了注意力？
- ☑ 宝宝是否听见了更让他感兴趣的声响、音乐或人的说话声？

请您试着找出原因，并做出让宝宝满意的回应。

上下移动玩具

如果宝宝已经能够熟练地盯紧左右移动着的玩具，那么您现在可以在此基础上进一步提高难度。请您先将玩具向上移动至宝宝的额头处，然后再将玩具移动到宝宝的脚部。为了盯住玩具，宝宝会上下转动他的眼球。随着年龄的增长，宝宝渐渐能够学会上下活动头部。

打圈转动玩具

等宝宝已经逐步适应了上述刺激，您便可以开始打圈转动玩具，让宝宝继续盯紧这个物体。为了避免玩具消失在视野里，宝宝开始活动头部。接着，我们还可以继续扩大玩具左右转动的幅度。等宝宝满了 3 个月，他会跟着玩具的活动方向，来确定自己的头部运动。

“每次把玩具摆在阿纳斯塔西娅眼前时，她总会很激动，胳膊和腿脚一直动个不停。但我不确定这是否是一件好事。”（苏珊·K，29 岁，技术绘图员）

苏珊·K 女士的确对她的女儿做了一番仔细观察。给宝宝一个物体用来观察，并非只动员了宝宝的眼睛。显然，苏珊 ·K 女士的女儿想要进一步“理解”这个物体，虽然这一行为为时尚早，因为宝宝还无法个别地移动他的手臂或腿脚，但这就导致了一种“全身运动”。尽管这种早期（头几个月里）出现的非自愿运动模式会阻碍宝宝注视物体的活动，但它也有利于宝宝对运动经验的积累。

在出生后的头几个月里，当宝宝想要抓住一个物体时，他就会开始舒展他的拳头。等第 3 个月结束时，只要我们给予宝宝足够的时间，他就会逐渐将手臂移动到身体更中央的位置。

抚摸宝宝的背部

新生儿正处于清醒状态，让他俯卧着趴在地上，把头偏向一边。接着，请你用整个手掌轻抚宝宝的头部，并顺着他的背部滑至臀部。这是一种提高宝宝安全感的方法，宝宝也会因此感到舒适、快乐。如果给宝宝的屁股施加轻微的压力，宝宝很可能还会稍微昂起头来。一边进行这项活动，一边对宝宝低语，将有助于宝宝更加专注。

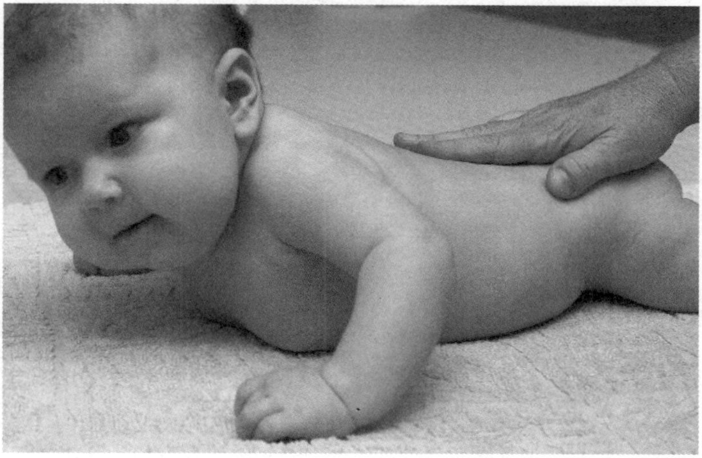

借助于一个水球（直径 25 ~ 30 厘米），宝宝能够获得许多乐趣。因为这个球体要比您的脸部或是宝宝的其他玩具都稍大一些，您最好先站在远处向宝宝展示它，让宝宝先习惯它的大小。

让宝宝踩踢水球

这项游戏需要使用到一个小水球。要记得用胶带封好水球的阀门口。如上述各项建议一样，宝宝在这里也应该尽量光着身体活动。如果家里的供暖条件的确不足，那么至少也要让宝宝赤脚活动，否则宝宝的脚底很难真切地感受到水球的存在。

让宝宝躺在我们面前的毯子或尿布台上。我们用一只手抓住被固定在绳子上的水球，用另一只手托在宝宝臀部下方，将其稍微向上举起，帮助宝宝的腿部离开毯子。宝宝的脚底在接触球体时会感受到轻微的阻力，他的脚会试着踩在水球上。这个过程大概需要几分钟的时间，请耐心等待。图片中这位宝宝才 4 周大，他正在用力地踢球，但他的眼睛并没有看向球体。

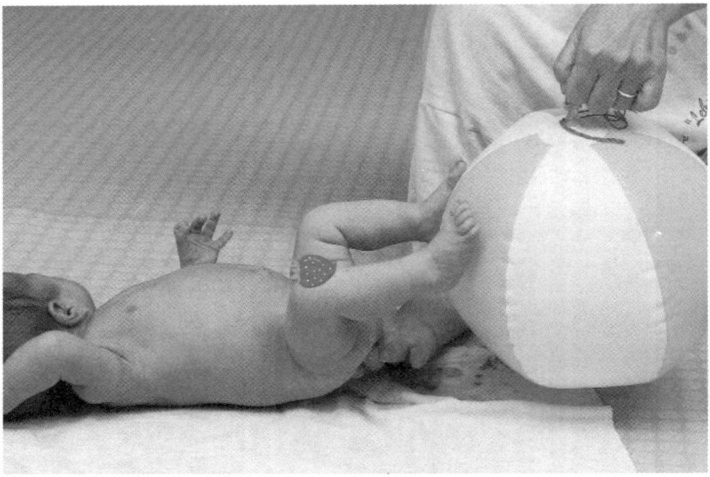

有时候，宝宝会逐渐感到疲倦。那么他踩踢水球的活动会放缓，直至停止。

如果您的宝宝已经累了，或者他出于别的某种原因不再有兴致进行这个游戏，那么就请您停止这项活动。

如果宝宝已满 2 个月，那么他可能已经能够独立地将腿抬离地面踩踢球体，不再需要借助我们的手臂力量。

如果宝宝已满 3 个月，那么他很可能不再出现（无意识地）踩踢水球的行为。因为到了这个阶段，宝宝的脚底有关阻力或其他刺激带来的感受，都已逐渐消失。但随着年龄的不断增长，宝宝会开始有意识地抬起腿部、踩踢球体。在 PEKiP 小组里，好多才 6 周大的宝宝就已具备良好的“控球”能力——他们的父亲均对此欢欣鼓舞，甚至已经开始设想宝宝将来的足球生涯。

在此过程中，请您注意观察宝宝：从头到手臂、手掌、躯干，再到腿、脚和脚趾，宝宝的每个身体部位都积极地投身于此项运动中。

球是宝宝运动发展过程中的重要玩具。直至上了小学，上述游戏所使用的水球也足以让宝宝兴趣盎然。

让一颗球体活动到宝宝面前，他会饶有兴致地观察它，并尝试去触摸、抓住它，然后将其推开。球轱辘地滚走了，于是宝宝伸展、活动身体，为了重新拿到这颗球，并再次重复前面的游戏。

活动初期，宝宝可能更偏好那种容易抓握而且能够含进嘴里的软球，因此您最好选择一些颜色鲜艳的、容易清洗的球。等过段时间，宝宝很可能就开始喜欢结实一点的球——不同宝宝对于球的尺寸和质感，有着不同的要求。

↜ 让宝宝踢撞水球

此处使用的水球直径应约为 30 厘米。我们用双手环绕住宝宝的身体，将其以俯卧姿势举起来，然后把他的上半身放置在球体上。切记，您要始终从宝宝身后抓紧宝宝，支撑住宝宝的躯干，让宝宝能够自由地移动手臂和腿。刚开始进行这项活动时，宝宝会出现双手握成拳头的情况。

注意要让宝宝的脚能够刚好触碰到地面。但宝宝的重量不应当由他的脚来支撑，而应该放在球上。如此，宝宝能不断地感受到来自地面的阻力，他会交替地抬起一只脚，并用另一只脚去踢球体。对未满 3 个月的宝宝来说，这种活动属于反射性的运动模式。通过腿部运动，宝宝从中感受到乐趣，但他仍然只能短暂地抬起头来。

对有些宝宝而言，他们需要更长的适应时间，然后才能做出反应。请您保持耐心，等待宝宝活动。如果您的宝宝始终保持双腿打直，说明现在并非进行这项游戏的最佳时机。

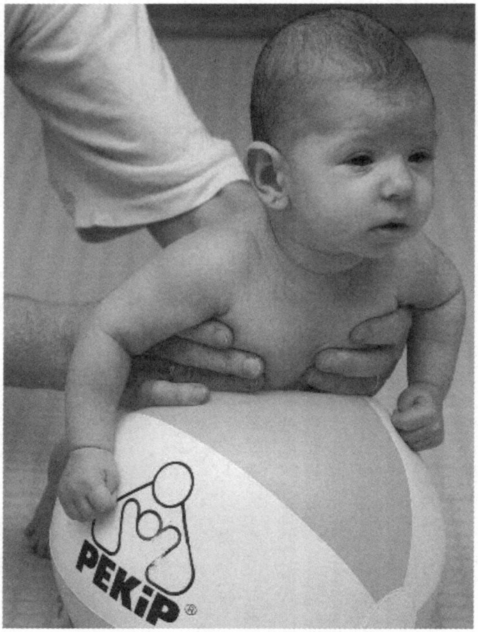

要支持宝宝的踢撞活动，就一定要遵循宝宝的活动节奏，缓慢地移动球体。活动的中心是您的宝宝，而您“退居二线”，仅起到辅助作用。例如，图片中的宝宝被妈妈支撑住身体，熟练地挺起了他的头部。

如果您的宝宝很少踢撞球体，原因可能是他还在忙于搞定如何平衡自己搁在球体上的重心，或是他的手正进行着其他事情。您一定要仔细观察宝宝，看他在游戏中是如何集中力量在脚上进行活动的。

您的宝宝渐渐不再进行踢球动作？也许是因为他感到了疲倦，或是他的注意力已被其他事情所吸引。请您尝试弄清楚原因，并做出相应的反应。出现这种情况的话，最好下次再继续进行这项游戏。

这种反射性的踢撞行为，会在宝宝出生 3 个月后逐渐消失。

在此项活动中，活跃和休憩有规律地进行交替——这种节奏也将一生伴随我们。让宝宝及早学会对“紧张”和“松弛”进行自我调节，有益于他们的成长。

轻柔地给宝宝施加向左或右的拉力

让宝宝仰卧躺在我们前面。我们一边和他说话，一边伸手轻抚他握起的拳头：用食指轻柔按压宝宝的掌心，他会握住我们的食指。记得用拇指或其他手指抚着宝宝的手背，免得他因为突然松开我们的食指而感到不适应。

如果宝宝已经握紧了我们的食指，那么接下来我们可以朝着宝宝的身体中心方向活动手臂，并带动紧紧握着我们手指的宝宝进行相同方向的活动。刚开始时，宝宝可能在活动中显得很迟钝，但随着时间的推移，他的活动会变得越发妥当、越发有力，也越发积极。

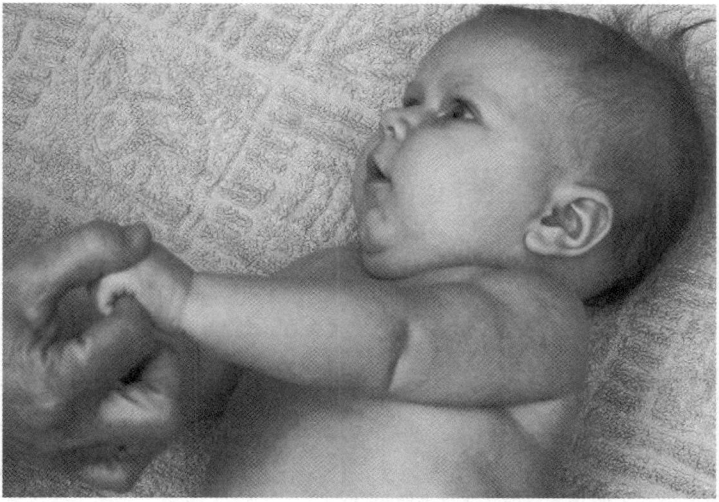

宝宝在握着我们的食指一段时间后，可能会自主地把手从中间转移到两侧位置。您一定要确保宝宝的头和腿在此过程中转向了同一侧。在上面这张图片里，宝宝一边凝视着母亲的脸，一边专注地进行着游戏。

如果您的宝宝总是使劲向后仰头，或者在游戏中毫无参与性，就说明这项刺激游戏现阶段并不适合他。

请您在宝宝玩耍时观察他：

- ☑ 宝宝的左右手都同样地喜欢抓住您的食指吗？
- ☑ 宝宝在游戏时更喜欢看向哪一侧？
- ☑ 宝宝的头部转向两侧时，他的注意力是否同中？
- ☑ 宝宝的身体是否呈一条直线？

任何一种运动都会被感觉器官所感知，然后作为“数据”记录在我们体内，得以存储，并与已存在的经验相结合。接着这些“数据”再次被输出，体现在其他新的运动中，再次产生新的感受、新的“数据”。

帮助趴着的宝宝抬头

趴着的新生儿通常需要耗费一番力气，才能够把头转向另一侧。观察着宝宝一天天地把头抬得更高、抬得更久，总是很让人兴奋的。宝宝在趴着和躺着时能看到的东西并不相同。平视的视角会随着宝宝的成长逐渐变得重要。

把一个玩具放在宝宝眼前，他会试着抬头观察玩具。渐渐地，宝宝注视玩具的时间会逐渐变久。如果您移动玩具，宝宝一开始只能用眼睛盯住它，过不了多久，宝宝就能够开始活动头部，从而扩大观察范围。

最开始，宝宝只是单纯

地抬起头，接着他便用手臂撑起身体。他拳头紧握，将肩膀支起来。等宝宝满了 3 个月，他便能够像上页图片中的宝宝一样，将整个肩膀和头部从垫子上抬起，并用小臂支撑住自己的身体。

宝宝调动着眼睛和头部来“追踪”玩具，您则可以在一旁告诉他：“看看拨浪鼓在哪里？真棒，现在该向后看啦！要把头抬起来哦——我知道这很难，你真的很努力！”

这种姿势的费劲程度，您可以自己亲身体验一番。请您先趴在地板上，把手臂放置在身体两侧，不要依靠它们来支撑身体。然后请您抬头，分别将头转向右侧和左侧，并保持抬头姿势片刻。您会发现您的全身都处于紧张状态，尤其是颈部肌肉。只有亲身体验后，您才能了解到这项游戏对宝宝来说有多吃力——尤其是现在宝宝尚未学会用小臂支持身体。此外，像宝宝那样躺在地板上，和他做相同的活动，一定会让宝宝十分开心。

您和宝宝在一轮游戏后可以稍做休整。您可以尝试和宝宝对话，或是通过抚摸他来让他放松。等宝宝重新恢复出生体重后，您便可以开始和宝宝尝试这些初级的游戏活动。

有些时候，宝宝的细微变化可能很难被我们察觉。我们正专注于某项活动时，宝宝的注意力可能放在其他发展领域上。例如，在游戏过程中，宝宝突然发现了新大陆——原来他可以自己把手放在眼前观察。

“如何抱宝宝”的原则在此处也同样适用：**成年人要努力适应宝宝的活动，同时也让宝宝有机会参与成年人的活动，并让他在活动中获得满足。**

尤其在刚出生几天到几周的时候，宝宝的清醒时间基本很短，因此游戏的时间也需要限制在几分钟内，我们也可以利用像给宝宝换尿布的这种短暂片刻。随着宝宝逐渐长大，他清醒的时间也会越来越长、越来越固定，您可以根据宝宝的需求来判断应当如何和宝宝进行游戏，但从根本上决定玩耍对象、玩耍时间、玩耍方式的始终都应该是宝宝。通过和宝宝日夜相处，您要学会让自己和宝宝达到步调一致——例如，您及时地发现了宝宝的疲劳迹象，并对此做出了适当的反应——那么宝宝在活动中的满足感会更高，自信心也会更强。

上述各项游戏建议同样适合年龄稍大的宝宝，但需要我们对游戏细节稍做调整。例如，我们抚摸宝宝的小手，让他可以随时抓紧我们的手指，但我们要注意判断这个行为中所体现的宝宝诉求究竟是什么。

让宝宝躺在您的大腿上休憩、玩耍

请您躺在地板或沙发上，略微抬起双腿。然后抱起您的宝宝，让他的上半身躺在您的大腿上，双腿靠在您的胸口。要注意：请让宝宝身体倾斜地倚靠在您的大腿上，而不是采取坐姿。参考这张图片，您能够很容易明白宝宝是如何在您的大腿上保持平衡的。

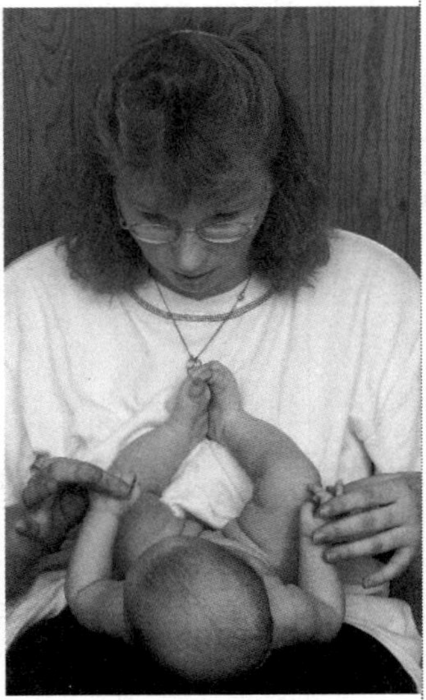

您可以轻轻地来回活动双腿，让宝宝随之上下晃动。伴随着您的活动，宝宝也会做出回应性的动作。在这种姿势下，您的头部即使频繁活动，宝宝也能够轻松地盯紧您，他那随着玩具移动而进行的眼睛和头部活动也会显得相对容易一些。尤其是当宝宝的后脑勺比较突出时，让他躺在固定的垫子上转动头部是较为困难的，而采取上述姿势会轻松得多。

这种姿势还有利于您和宝宝进行亲密的沟通。您可以向宝宝描述一些食物，宝宝会仔细倾听，并活动他的嘴唇、眼睛和头部来表示回应。对宝宝来说，人的声音是一种特别的听觉刺激。一旦听到您的声音，宝宝就会产生回应的意愿。尽管宝宝还无法理解您的词汇，但他会注意到您的说话方式、面部表情和手势，并尝试进行模仿，从而做出回应。

将宝宝举过我们的头顶

将仰卧躺着的宝宝打横抱起来，帮助宝宝将身体打直——要记得和宝宝保持眼神接触。我们轻柔、稳当地抱起宝宝，不能过分用劲。然后我们缓慢地将宝宝抱过头顶，并始终与他目光相交。在这个位置，宝宝会努力地平衡自己的头部、身体和腿部。随着年龄的增长，宝宝在游戏中感受到的安全感和愉悦感也逐渐提升。我们的动作要慢，力量要轻，才能让宝宝充分地自由活动。

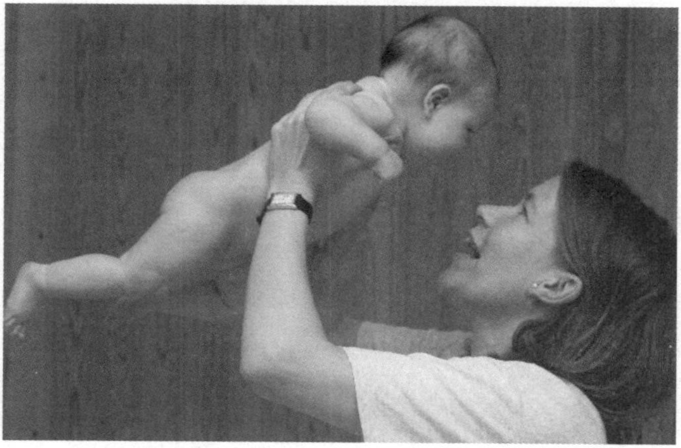

宝宝出生 2 个月的时候，我们还只能小心翼翼地将他举起来几秒钟。但随着宝宝一天天成长，这个时间也会逐渐变长。

也许会有人说“宝宝太重了”，但正是通过这类活动，您才更能深切地体会到共同游戏的好处：成年人不得不对游戏中的各种要求做出反应，他们的肌肉也因此得到加强，从而变得更加有力。

亲子间通过亲密交流度过这段开心的时光，这会让宝宝感受到亲密、安全，他能够更深刻地体会到自己和父母间存在的联系纽带。

让宝宝“理解”玩具

宝宝会仔细打量我们放在他眼前的玩具。请您继续耐心地举着玩具，并注意观察宝宝的腿部、手臂以及双手。宝宝很可能会逐渐开始活动——他晃动双腿，挥舞双臂，并张开拳头。

随着年龄的增长，宝宝的手臂、双手、双腿能够离地面越来越远，他们尝试着依靠腹部进行移动，并将双手凑在自己眼前。

宝宝开始有目的地将手臂伸向某样静止的物体。他学习着协调配合眼睛和手部的活动。看似简单的活动中，其实包含了宝宝身体和精神两方面的努力。

宝宝抓取物体，用手触摸它，感知物体的大小、形态、颜色、材质以及表面结构，这些感受在大脑里经过加工，从而使宝宝对物体产生理解。

等宝宝满 3 个月后，您便可以拿给宝宝一个水球，让他学习用双手触摸它。宝宝可能会用手撞击水球，使得水球开始运动。

当宝宝已具备将双手举到眼前的能力后，他会反复打量并玩耍他的双手。一开始，宝宝可能会因为手部和手指的活动而倍感吃惊，但在不断重复这种活动后，宝宝能够逐渐理解到，双手正是属于他身体的一部分。宝宝惊喜地发现，他竟然能自主地控制双手的活动！热切地注视手指，会促进宝宝**空间视觉的发展**。宝宝是那样热爱观察和玩耍自己的双手——这一点时常让成年人感到讶异。如是发展下去，宝宝的观察对象会转移为身体的其他部位。就这样，宝宝一步一步地感受并理解这些部位的功能。

在绳子上挂满小东西

请您在距（躺在婴儿车内或地板游戏垫上的）宝宝胸口上方 10 ~ 15 厘米处拉一根绳子，并在绳子上挂满串起的纽扣、木珠子、小零件、拨浪鼓或沙沙作响的油纸。一开始，出于本能的手臂活动，宝宝会偶然地碰触、抓握并松开这些物体。这些物体发出的声音让宝宝感到愉悦，因此他会更努力地将头和手移向这些物体。宝宝愈发频繁地向上伸手，使得这些物体愈发频繁地发出声响。

宝宝满 3 个月后，这种“偶然”的本能抓握活动会演变为“有意识”的行为，他们开始有目的地去抓握所有悬挂在他上方的物体。

您也可以选择在婴儿床上方悬挂一个体积较大、颜色单一的几何形状的组合玩具。宝宝一醒过来，就能一边紧盯着这个玩具，一边用手指去抓取。

竖直抱起宝宝，让他朝左侧或右侧倾斜

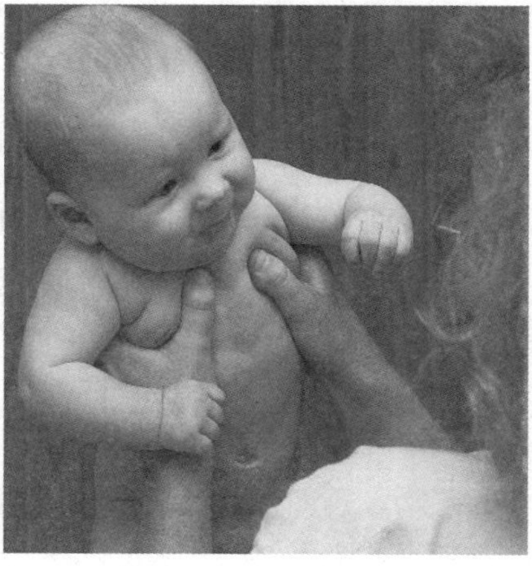

用手环抱住仰卧的宝宝，帮助他身体打直，并竖直地将他抱起来。接着，先让宝宝的头稍微偏向一侧，然后又慢慢地让他的头部回到中间，再轻轻地偏向另一侧。在尝试这项游戏时，我

们要将倾斜幅度控制在宝宝力所能及的范围内。宝宝会在此过程中学习平衡自己的上半身。到了宝宝出生后的第二个月，宝宝头部左右倾斜角度可达到 45°。

您也可以帮助宝宝尝试脸朝下低头的活动。最重要的原则一定是（其他游戏也同理）：宝宝要能从中感受到快乐。只要宝宝表现出了一丝害怕，就请您立即终止这项游戏，以后再作尝试。总地来说，大部分宝宝都很乐意进行这种类似的“空间位置改变”游戏。

活跃型游戏或安静型游戏

在选择游戏时要注意循序渐进，首先从初级游戏开始，并且只从中挑选一两项活动。请您交替开展活跃型游戏和安静型游戏，并留心观察宝宝最乐在其中的是哪些活动，然后尽量重复这些活动。但是您也不能因此而抛弃其余的游戏，毕竟宝宝的偏好很可能是瞬息万变的。

给宝宝哼唱歌曲会让他兴奋。您可以回忆您在童年时最喜爱的歌谣，并把它们唱给宝宝听，例如《小汉斯》（译者注：德国童谣，类似于《小星星》《两只老虎》这类童谣）。当然，您还可以自己发明新旋律、新歌词，一边给宝宝穿脱衣服，一边唱给他听。

一定要仔细留意宝宝释放的信号，并做出及时的回应，让宝宝的需求得到关注和严肃对待，从而为宝宝提供足够的安全感。

我们可以反复开展上述各项游戏，直到宝宝对它们已毫无兴趣——那时候，自然也会有适宜其发展阶段的新的游戏内容。在编排各项游戏内容时，经过许多尝试，我希望这些游戏能够使宝宝劳逸结合，并且能够兼顾宝宝的俯卧和仰卧姿势，从而让宝宝的各个身体部位都能充分参与其中，我也希望游戏间的过渡尽量自然。随着宝宝不断成长，您可以逐渐为宝宝开展更多游戏。在宝宝最能获得乐趣的前提下，游戏的顺序和方式可以由您决定。

您或许会在下文中发现一些已经介绍过的游戏。实际上，这些游戏均在上述游戏内容的基础上，依据宝宝本阶段的发展进行了适当的调整。

3.4 针对 4 ~ 6 个月宝宝的刺激活动

社交能力、语言以及感受力的发展，总是紧密地交织在一起。等宝宝满 6 个月后，宝宝差不多能够学会大部分元音和部分辅音，乃至某些简单的音节。

和宝宝聊天

要是我们能够经常和宝宝聊天，宝宝也会更加喜欢自言自语地发出声音来。让宝宝躺在我们面前，轻柔地触摸他的脸颊、下巴和身体，用最温柔、亲切的声音抚慰他，宝宝也会亲切地“回答”我们。声调稍高一些的女性声音最能激发宝宝的回应。每次讲完话，我们要记得停顿片刻，留给宝宝足够的时间来回应我们。要记得对他的嘟囔（尽管有时候不知所云）表现出欣喜，才能鼓励宝宝更多地回应我们。等宝宝再成长一些，我们就可以正式开始陪他聊天了。我们发出一个声音，宝宝也随之重复。

在出生后的 4 ~ 6 个月里，宝宝会逐渐变得独立。当您递给宝宝一个球，他可能会按照自己的心意转动球体，而不是简单地踢蹬它。请您不要将自己的预想强加给宝宝，要让他们自由地发挥积极性，并为他的行动提供支持。

宝宝不对称的身体姿态（如手脚进行不同方式的活动）会逐渐

消失。无论静态还是动态，宝宝的活动均开始变得对称起来。

宝宝还可能会一边玩耍手指，一边将它们放到嘴里。在这个阶段，宝宝恨不得用嘴去“品尝”周遭的所有物品。嘴现在成为宝宝最重要的触觉器官之一。等宝宝满了 6 个月，他开始能够使用双手交替摆弄玩具——触觉是宝宝探索世界的重要桥梁。

宝宝还开始注意到更加微细的声音刺激，并不时地转头寻求声源方向。一旦有脚步声靠近，宝宝便感到开心。宝宝渐渐学会判断脚步声来自熟悉的人还是不熟悉的人。

此外，在此阶段里，宝宝开始能够用小臂稳妥地支撑住自己的身体。

只有当宝宝的脊柱已经发展成熟，且宝宝已然具备各项“坐下”时所需要的运动能力后，我们才能鼓励宝宝坐起来（宝宝至少应该已满 8 个月），否则您绝不能过早地就让宝宝坐起来——哪怕是用枕头支撑住他的身体也不可以，因为这极易损伤宝宝的脊柱。背部问题时常使一些成年人备受困扰，或许正是他们在婴儿时期过早坐起来的后果。

某些“成长日历”在设计时，总是过分高估宝宝的发展步调。如果您的宝宝没能跟上这种成长规划的设定，导致您十分焦虑不安，那么请您移步专业的儿科医生，和他们交流您的困扰。要知道，宝宝的发展路径总是各异的。例如，某个宝宝可能超出了成长规划的要求，提前学会了在仰卧时用手抓紧玩具的能力，但他又同时落后于成长规划，尚未学会在俯卧时抬起头来。

让宝宝稳定发展，而不是滞留在某一发展阶段，才是最重要的事情。至于宝宝的发展速度是快或是慢，不应该一概而论，因为宝宝具有差异性。我们对此的想法如下：要为不同宝宝提供最适合个体发展的活动，从而促使每个宝宝都积极地迈入新的发展阶段。因此，我们总是要按照宝宝的发展现状，因人而异地设定各种刺激活动。

宝宝会逐渐发展出对不同物体的偏好。在玩耍时，他也许会更热衷于某些物体，请您对此进行仔细的观察。您的宝宝是不是有一个玩偶？也许他会亲吻它，并抱着玩偶入睡。那么这个玩偶在必要时能够充分起到安慰宝宝的作用。

鼓励宝宝在趴着时紧盯玩具、抓握玩具

宝宝在俯卧时，会尝试去触摸力所能及范围内的所有物品。他会把它们抓起来，来回移动，或者按压这些物体。这正是宝宝“理解”周遭世界的一种方式。

在宝宝 1 ~ 3 个月大时，您就已经开始向他展示玩具。但宝宝现在的能力已经更上一层楼，他不仅能够调动眼睛来盯住玩具，还能够转动头部。因此，您需要增加游戏难度，在移动玩具时，不时改变速度和范围。另外，您也可以将玩具略微举高一些，让宝宝抬头的幅度得到扩展。

给趴着的宝宝递一个玩具　宝宝现在会将身体重心转移到腹部和一侧小臂上，并伸出另一只手来抓取这个玩具。宝宝的身体能够在这个姿势下保持几秒钟的平衡。宝宝触摸着物体，并用嘴进行深入感受。

宝宝对于玩具的兴趣能持续多久，一定要由他自己来决定。除非玩具被宝宝不小心抛开，但宝宝却还想继续玩耍它时，才需要您插手。

宝宝满 6 个月后，就基本能够用双手支撑身体了。这时候，宝宝的手臂打直，头部高举，他的脸部离支撑面的垫子已经有一段距

离。有时候，宝宝也会尝试单手支撑，并用另一只手去抓取玩具。多数时候，宝宝在活动时总是只使用他惯用的一侧身体，那么就需要您交替地把玩具放在宝宝身体两侧，从而锻炼宝宝全面发展。

“亚历桑朵在趴着时，已经能高高地抬起头了，她会把背部完全打直。老是这样做的话，她会不会腰椎突出？我要不要让她躺下来？”（雷吉纳，29岁，护士）

如果您也有类似疑虑，请您不必忧心：亚历桑朵的活动是完全正常的。在这个发展阶段，宝宝都会努力活动脊椎，进一步发展自己的肌肉组织，尝试更多的运动可能性，并从不同角度来观察事物。3 ~ 6 个月大的宝宝常会在趴着时做出“划水”动作：他们会高举并打直手臂和双腿，只剩腹部着地。

宝宝在躺着时和趴着时会有着截然不同的行为。如果宝宝正仰面躺着，他可能会抬起双腿，然后伸手抓住自己的大腿、膝盖，最后是脚趾。3 ~ 6 个月大的宝宝在躺着的时候，还很喜欢把脚塞进嘴里。在进行这些活动时，他们的背部总是呈弓起状态。

把玩具摆在宝宝面前

到了出生后 3 ~ 6 个月，宝宝趴着的时间越来越长。他们同时还会更热切地环顾四周，寻找玩耍对象。如果在宝宝面前摆放一个玩具，他们会十分努力地伸展手臂，直到心满意足地拿到玩具。有时候，我们也可以摆放两个玩具供宝宝挑选。当然，如果玩具数量超过两个，就超出了这个年纪的宝宝的能力范围。

宝宝一边趴在毯子上，一边也在环顾整个房间。他会观察母亲的所作所为，并对身边发生的一切都兴致勃勃。您可以一边做家务，一边告诉宝宝您在做什么。宝宝很愿意倾听，还会努力做出“回答”。等宝宝反复观察到几次您的某种行为后，他就能够很自然地将活动中的特点（如声响等）进行归类、整理和记忆。

让宝宝有机会独自玩耍玩具，对他们的发展，尤其是独立性而言，具有极其重要的作用。

让宝宝在您的大腿上跳动

一旦宝宝感受到了来自某个平面的阻力，他就很容易产生腿脚运动的兴趣。双手穿过宝宝腋下，将其环抱起来，并让他竖直地“站立”在我们的大腿上。宝宝的双腿稍微蜷曲，轻柔地触碰着我们的大腿。宝宝的重量基本要让大人来承担。宝宝的腿部开始有节奏地蹬踢我们的大腿，并且不断加快。我们需要在活动中为宝宝提供这样的帮助：如果宝宝的双脚向下挤压，我们就把他稍微举起来一点；如果宝宝的腿部变得放松，我们就把他往下放几厘米。此外，我们还要帮助宝宝的身体达到容易舒展的状态。通过不断交替的腿部曲张，宝宝逐渐掌握了这项运动。

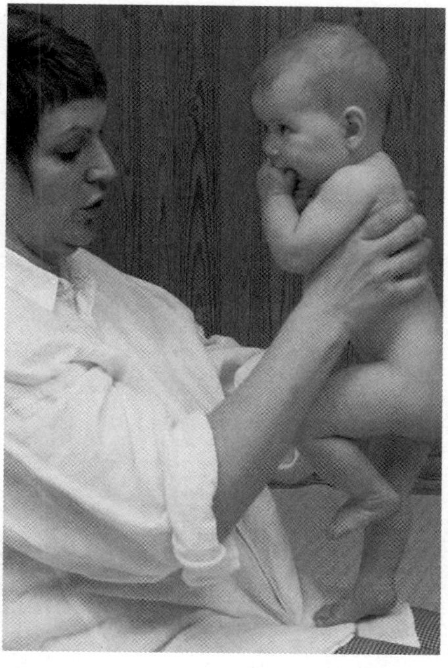

切记，无论宝宝如何蹦跳，他的重量都应当由我们的双手承担。绝不能任由宝宝把体重负载在他的脚上。

一开始，宝宝可能只喜欢在大腿上蹦跳。但假以时日，地板也能带给宝宝同样的乐趣。

我们一边让宝宝蹦跳，一边要和他说话，从而鼓励他继续这项游戏。宝宝会专注地看着我们。宝宝在被举高的过程中体验了平衡感，增强了腹部和腿部的肌肉力量，练习了头部的控制能力，并在父母的关怀中获得了幸福感。

“我女儿真的很重。之前我在一个产品广告里见过一种跳跃辅助器材，可以安装在门框上使用。效果不都是一样的吗？”某次父母互助会上，克里斯塔——一位31岁的女售货员问道。

从某种意义上来说，克里斯塔说的并没有错。

宝宝一天天长大，体重也一天天增加。对绝大多数母亲而言，再继续进行上述活动会变得非常吃力。但或许您可以将它看作针对手臂肌肉和胸部肌肉的某种健身训练。我们的立场是：绝不推荐您使用任何跳跃辅助器材。宝宝通常在器材中只能脚尖触地，这会使得宝宝使劲向下伸展脚趾，从而进一步接触并踢蹬地面，如果宝宝每天使用器材的时间超过5 ~ 10分钟，就很容易导致他们发育不良。如果宝宝在器材里脚掌着地，那么过早地站立则会导致他的髋关节过分负荷。

我个人反对跳跃辅助器材的最重要原因如下：使用器材会减少母亲和宝宝间的交流、联系。要是您的确没有力气抱起宝宝，干脆让他趴着或躺着也是不错的选择，宝宝依然有继续体验、熟悉环境的机会。如果宝宝特别喜欢这种蹦跳活动，那么可以由下班的父亲在晚上进行。

让宝宝用手抓取水球

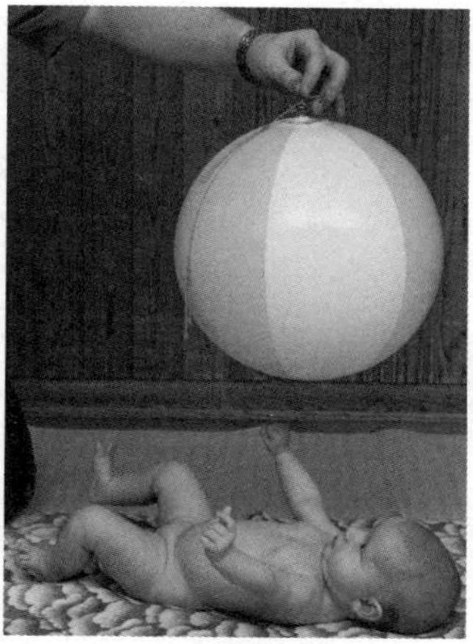

在宝宝的胸部上方悬挂一颗水球。宝宝现在不仅会击打水球，还会小心翼翼地用手触摸它，并试着抓住这颗球。可能宝宝一开始还不能很稳当地抓住球，但他一定会不断进步。

游戏时，您要仔细观察宝宝的双手。3 个月的宝宝能够自如地张开双手拍打水球。等满了 6 个月，宝宝就开始能够分开五指，并环抱住这颗球。宝宝还会把球紧紧抱在自己面前，甚至会伸舌头舔一舔。

让宝宝踩踢球体

把水球放在宝宝脚掌下，宝宝会不由自主地蜷起双腿，然后用脚踩踢这颗球。和先前相比，您现在不再需要用手托住宝宝的臀部。

一开始，宝宝只是有意识地踢踩着水球，但渐渐地，他开始轻柔地用脚趾接触球体，并轻轻向下按压。等宝宝满了 6 个月，他便基本掌握了将水球从脚部“输送”到手部的方法，并不断地重复这种活动。

只有当宝宝的身体处于一种相对稳定的位置状态时，他进行的各项运动对于发展才是有意义、有价值的。所谓的“人体姿势库”，实际上指的是肌肉组织流畅接续各种姿势、运动的能力与长期性能。

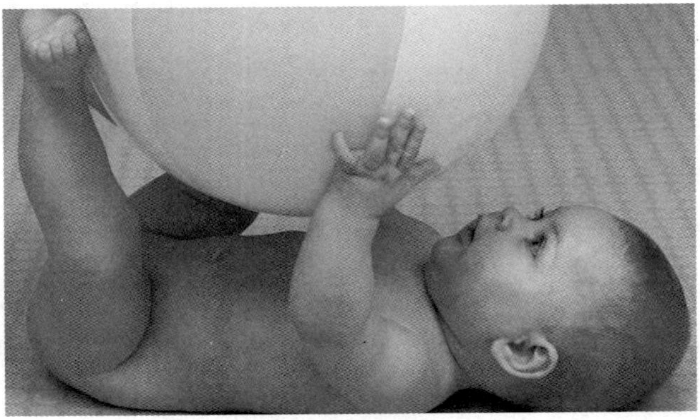

~ 让宝宝抓取我们的手指和双脚

让宝宝躺在我们面前，给他展示我们的双手，移动我们的手指。这种移动会立即抓住宝宝的心，他会凝神观察，紧紧盯着我们的手指。等宝宝 4 个月大，他便能够抬起手来抓取我们的手指。要不了多久，宝宝不再只满足于“抓住”，他还会把我们的手指喂到嘴里。请您任由宝宝吮吸您的手指，让宝宝感受您的“味道”是一种相当有趣的体验。和其他品尝的物体相比，您的手指更柔软、更温暖。更让宝宝惊奇的是，您的手指居然还能在他们的嘴里活动！

当宝宝躺在地板上时，我们也可以给他看看我们的脚，并移动我们的脚趾。宝宝会伸手来抓取我们的脚，并玩弄起来。穿着袜子，没穿袜子——您的脚看起来会迥然不同。宝宝会发现，我们的每个脚趾头都可以活动，它们的活动可以各不相同。

~ 让宝宝转向侧面、转向俯卧位

4 ~ 6 个月的宝宝会开始学习朝着身体两侧转身，等他满了 8 个月后，他便能够完全掌握将身体转向俯卧位置的活动了。我们需要在活动中给宝宝提供适当的帮助，先帮助他顺利完成“转向侧面”这一步，然后再进行“转向俯卧位”的活动。

我们先将食指放到宝宝的一只手里。等宝宝牢牢握紧了手指后，我们再把大拇指或中指放在宝宝的手背上。然后，我们的手指带动着宝宝的手，经由头顶朝向其身体另一侧移动，宝宝的身体也会随之转向另一侧。一旦宝宝察觉到自己离开了身体中线位置，他的腿部便会开始积极活动——似乎想为转身的活动提供助力。

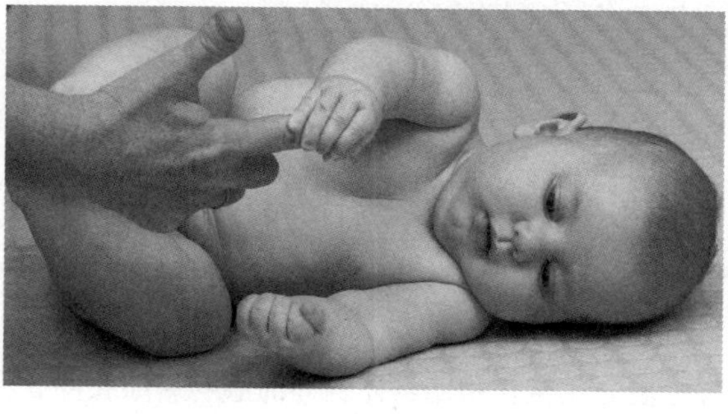

如果您的宝宝在活动中未出现这样的行为，那么说明这项刺激活动尚不适合您的宝宝。等宝宝不断长大，他最后终究能够学会独立地转身，从躺着变为趴着。

一开始，宝宝可能会经常压着手臂翻身，然后将手臂埋在身体下方。那么我们要耐心地等待宝宝理解他自己已经变成趴着的事实，还可以同时轻抚宝宝背部，促使他抬起头来，从而让他自己将手臂从身体下方抽出来。

如果我们手部动作太快，并且没有给宝宝留有足够的缓冲时间，便松开了他的手，那么宝宝很容易变得不满。

这项游戏可以很自然地融入您和宝宝的日常生活中。您在给宝宝穿衣服时，可以同时递给他一根手指，促使他翻身变成趴着的姿势——尤其在您需要帮宝宝扣上颈部或背部的纽扣的时候。

再过一段时间，您可以用抓环来代替您的食指，继续进行和上面相同的活动。抓环在宝宝的成长过程中总能扮演有趣的角色。宝宝可能会先用一只手抓住它，再逐渐过渡到双手。他会把抓环放进嘴里，尝试着咬一咬，这有助于宝宝的乳牙松动、脱落。此外，还有许多游戏都可以利用到抓环。

让宝宝转向仰卧位

宝宝可能想从趴着的状态变回躺着，但他暂时还无法独立做到，于是我们要在这个过程中为他提供一些帮助。先将宝宝的手臂抬起，放在他想转身的那侧头部上方。我们用一只手扶住宝宝的臀部，慢慢地让他转动身体，达到仰卧位。此外，我们也可以让宝宝的手臂贴紧身体，置于身体下方。

无论哪种方法，最重要的是：**要让宝宝的头部几乎全部靠在垫子上，这样才能让宝宝在转动身体的同时顺利转动头部。**

鼓励宝宝理解物品

到了出生后的第 4 个月，宝宝能够顺利地在躺着时拿走我们递过去的物品。到了第 5 个月，宝宝就能够熟练地玩耍各种物品，他们用双手抓握着玩具，将其摆放在身体中轴线位置。等到了第 6 个月，这项游戏开始有了一些变化——图片中的宝宝双手抓着一把刷子，聚精会神地端详着。

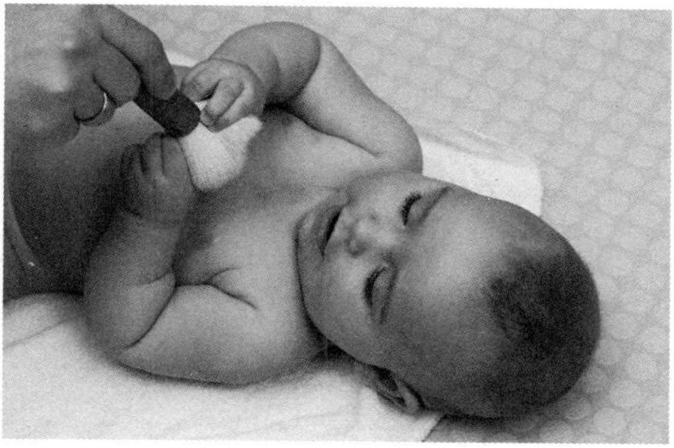

实际上，让宝宝玩耍各种物体，并非只锻炼了他的手部灵活性，还能帮助宝宝进一步获得其他领域的经验，开发多种心理功能、身体功能。手部的能力是神经肌肉良好协作的一种体现，它还能够促进宝宝的语言发展。

为宝宝提供一些更加细腻的手部运动，还能促进宝宝发展其感知能力。宝宝在移动某样物品时，他会充分调动各个感官来理解这件物品。

宝宝会问自己：

- ☑ 它看起来是什么样子的？
- ☑ 我应该怎么抓住它？
- ☑ 它让我有什么感觉？
- ☑ 它会发出声音吗？什么声音？什么情况下会发出声音？
- ☑ 它有什么特殊气味吗？
- ☑ 它尝起来如何？

请您用两只手分别拿一个球和一个圆盘。从不同角度观察，球始终都保持着圆形，盘子却时而呈椭圆形，时而呈细长的直线。在这样的学习中，宝宝不仅会“看”，还会通过“摸”得到进一步的体验。**通过学习和理解，宝宝会逐渐明白事物之间具有差异。**

这个年纪的宝宝喜欢把触手可及的所有物品拿起来，送到嘴里，并且通过嘴唇、舌头和上腭来“**领会**”这样东西。他们会发现，不同的事物带来不同的感觉——它们尝起来各不相同。

您可以体验一下将不同的物品放到嘴里。木质玩具的味道，和塑料制品、布制品以及金属制品的迥然不同。用嘴来感知物体，对于未满1周岁的宝宝具有重要意义。如果父母忽视宝宝的这类需求，贸然打断宝宝的吮吸行为，通常会对宝宝的发展产生阻碍：或许在很长一段时间内，宝宝都无法割舍用嘴感知事物的活动。

现在，大多数宝宝或许都已经发展出了对于右手的偏好。宝宝在5个月时，他的“双手抓取行为”已逐渐被“单手行为”所替代。伴随着宝宝两手交替抓取物体的活动，他也正式从单音节开始牙牙学语。到了第6个月，宝宝已经能够熟练地双手交替玩耍玩具。于是我们便可以给宝宝的两只手都放上抓环这类的玩具。一开始，宝宝可能还会丢弃掉其中一个，因为他想集中双手去抓紧另外那个玩具。学会将注意力分散到两只手上，是宝宝的一项巨大成就。

让躺着的宝宝稍微坐起身来

把两根食指递给宝宝——切记！这项游戏只适合那些已经能够熟练握紧我们手指的宝宝。我们一边注视着宝宝，一边用话语鼓励他握紧我们的手指。

为了避免宝宝突然松手而向下摔倒——尤其在我们明显感受到宝宝的握力正逐渐减弱时——我们要随时记得把大拇指放在宝宝手

背上。只要宝宝愿意抬起头，他的身体也会随之轻轻抬起。我们的手指在宝宝起身的过程中只起到辅助作用。

将宝宝稍微侧身地拉起来，然后再让他从同一侧躺下去。

出现以下两种情况时不应当立即开始游戏：一是宝宝的头始终不愿意离开垫子；二是宝宝的手还没有抓紧我们的食指。您也会在游戏中越来越敏锐，会更加了解宝宝需要多少帮助和安全感，更加了解宝宝的自身能力水平。

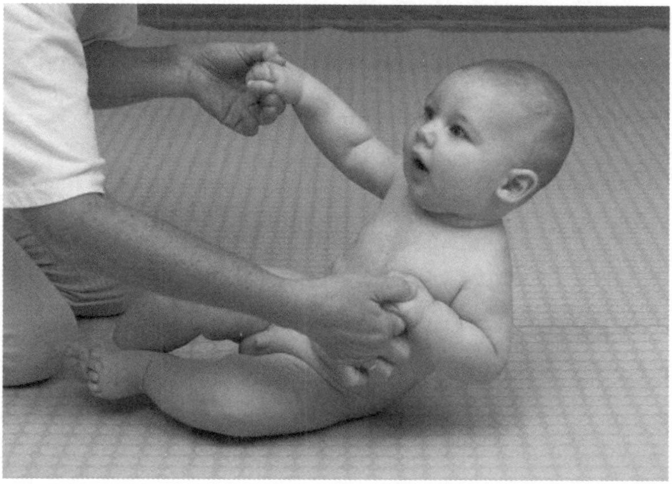

宝宝的年龄只能作为评估宝宝发展的一个大致参数，宝宝的发展步调不应当被年龄所束缚。发展的重点始终都是发展阶段之间的铺垫和衔接程度。

☑ 宝宝满了3个月，能够紧握住我们的手指，弯曲自己的手臂和双腿。这时候，我们只能让他稍微起来一点。

- ☑ 宝宝满了4个月，其手臂弯曲能力增强。这时候，我们可以帮助宝宝达到45°的倾斜姿势。
- ☑ 出生后第5个月，宝宝学会了在使劲时将头部和下巴抵在胸口处。这时候，宝宝可以达到60°的倾斜姿势。
- ☑ 出生后第6个月，宝宝能够熟练地弯曲手臂，抬起身体，达到普通的坐姿状态。
- ☑ 我们的食指始终为宝宝提供助力，但宝宝也会逐渐变得更加独立。最后，他能够完全独自地完成这项活动。

尽管我们会不断鼓励宝宝抬起身体，但我们不能让他长时间保持坐姿状态，而要帮助他缓慢地经由身体一侧躺下。有时候，宝宝可能太沉醉其中，根本不愿意躺下去，那么就需要您低声劝告他，或是轻柔地亲吻他的肚子。

无论是“坐起来”还是“躺下去”，我们都要注意让宝宝活动到身体两侧。

这项游戏希望让宝宝能在“起身”和“躺下”中领悟到“坐起来”的真谛，并让他乐在其中。

只有等宝宝完全学会独立地坐起身、躺下去后，才可以让他保持坐姿状态。也许您发现宝宝特别喜欢坐着，但在时机成熟前，您都不可以随着宝宝的心意任由他坐着。

让宝宝采用直立姿势玩耍

到了宝宝出生后的第 5 个月，宝宝能够一边“坐”（在您的大腿上）在桌子旁，一边玩耍桌子上摆放的物件，从中获取新的生活经验。请您用双手牢牢抱住宝宝的身体，或轻柔地让宝宝将背部倚靠着您，再用一只手固定住他。

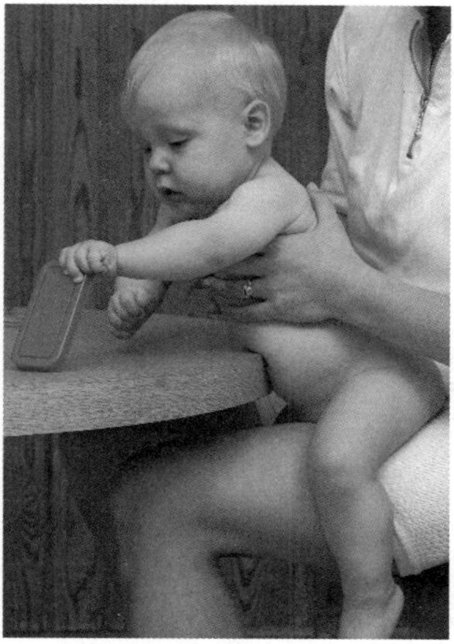

让宝宝采用这种姿势玩耍几分钟。趴在桌边进行游戏，和趴或躺在地上有着不同的特征。摆放在固定平面上的物体和悬浮在空中的物体，也会表现出不同的活动特性。宝宝躺在地上时，只要他松开抓着玩具的手，这个玩具就会毫不犹豫地掉落出他的视野。宝宝趴在地上时，如果他想要玩耍手中的玩具，他就还必须承担自己的体重——这是十分吃力的一件事。

这种姿势除了有利于宝宝进行一些较为细腻的抓取和操作外，还能帮助宝宝确认自己的手部力量。我们可以在桌上放置一些大小不一、轻重不等、抓握难度不同的物品，供宝宝随意选取、玩耍。

“我常在吃饭时让波林一起坐在我的大腿上，从一开始的勺子，到后来随便哪样物品，她都能玩得很起劲。但她最喜欢的还是把我盘子里的面包拿走，然后自己津津有味地‘吃’起来。”（贡德尔，31 岁，社会工作者）

很显然，波林已经融入了她的家庭生活。她看见成年人吃面包，于是也有模有样地模仿起来。这种“效仿”式的学习能很大程度地促进宝宝的发展。

4 ~ 6 个月大的宝宝总是对周遭一切都怀有浓厚兴趣。宝宝不仅会观察这些物体，还想要触摸和抓取。

让宝宝横着趴在我们的大腿上

出生后 4 ~ 6 个月，宝宝的手臂逐渐变得更加有力，他们在趴着时能够更加稳定地支撑自己抬高的身体。通过进行一些共同游戏，我们可以促使宝宝的这方面能力更上一层楼。

我们坐在地上打直双腿（如果宝宝光着身体，我们最好在大腿上铺一层垫子或毛巾），然后抱起宝宝，让他横着趴在我们的大腿上。此时宝宝会用手臂支撑着地板。如果宝宝的个头太小，或是手臂太短，或是我们的大腿比较粗，那么也可以把宝宝放在我们的小腿上。

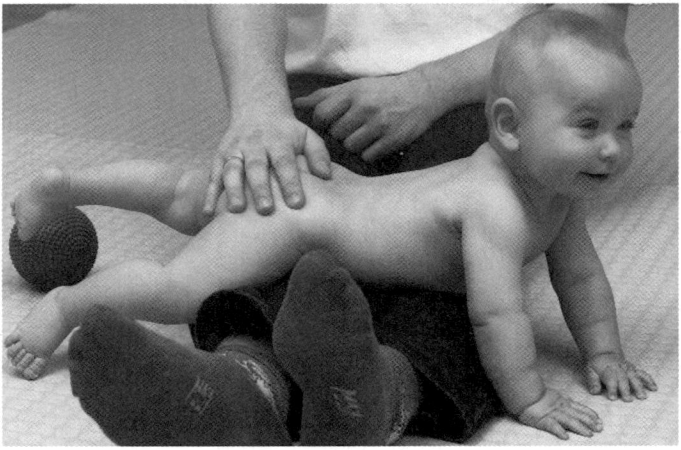

自始至终都要记得用一只手扶住宝宝的臀部，并密切观察宝宝是否有继续支撑的意愿。一旦宝宝表现出疲倦，就要立即把他抱起来，以避免宝宝手臂负荷过重，导致骨折。

等宝宝稳当地支撑住自己的身体后，我们可以再递给他一个玩具。宝宝很有可能会用一只手作为支撑，并伸出另一只手去拿玩具。

游戏过程中要注意帮助宝宝改变身体朝向，让宝宝的头部能够交替地朝左、朝右。

随着宝宝不断的成长，他的力量也越来越大，于是我们可以缓慢地推动宝宝的身体，减少我们大腿对他的支撑，从而让宝宝更自由、更自主地活动自己。

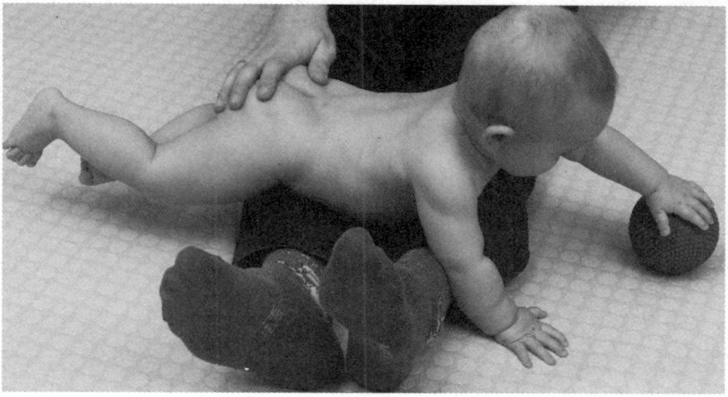

让宝宝从仰卧转向俯卧

给躺在地上的宝宝展示一个玩具，并将玩具缓慢地移动到他身旁触手可及的地方。帮助宝宝转向侧卧姿态，让宝宝垫在下面的腿打直，上面的腿微曲。接着用一只手环握住宝宝弯曲的大腿，并把大拇指放在宝宝膝盖处。我们轻轻拉动宝宝的这条腿，让它从另一条腿上滑过。通过我们的耐心指引，宝宝能够逐渐学会从侧卧姿态转变为俯卧姿态。但如果在此过程中，宝宝的手臂和肩膀总是不情愿离开垫子，则说明现在最好不要继续该项游戏——也许他对此毫无兴趣，也许他现在感到疲惫，也许宝宝尚未对这项游戏做足充分的准备。

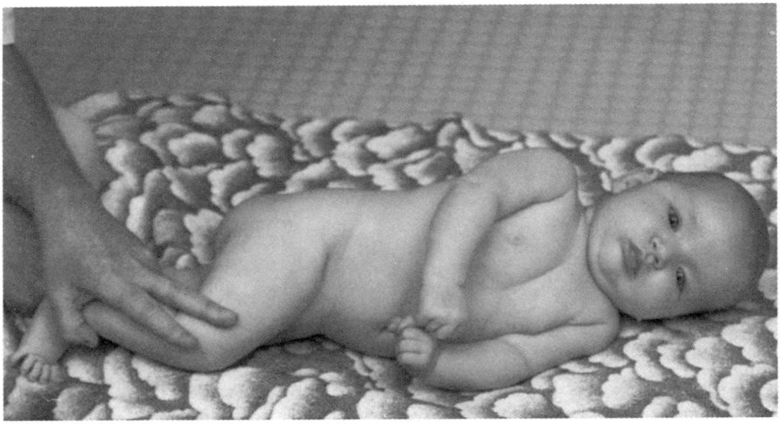

一开始，我们需要耐心等着宝宝静静地趴一会儿，然后再帮他将压在身体下的手臂抽出来。同时，我们要一边轻抚宝宝裸露的背部，一边将宝宝的屁股轻轻向下按压。随着宝宝一天天长大，他们也学着把头抬得越来越高，并最终依靠自己来抽出被身体压住的手臂。如果宝宝在转身时总是把手臂放得太靠内、压得太实在，那么宝宝自己很难将它抽出来，这就需要我们在帮助他转身前先将他的手臂抬起来靠在脑袋边。

身边有熟悉的、亲近的人，能够让宝宝的活动更积极、更愉快。随着宝宝不断积极地扩大自己的活动范围，宝宝最终能够学会独立地完成转身。

在给宝宝换尿布时很适合开展这项活动。您可以逗弄着宝宝，让他配合您的动作，从而完成转身，而不是让宝宝独立地进行转身活动。

让宝宝赤裸身体玩耍会让他格外开心，因为他的肌肤、身体和

每个身体部位都能接收到更多的信息：

- ☑ 我的妈妈摸起来是什么感觉？
- ☑ 在移动的时候，我有什么感觉？
- ☑ 在趴着和躺着时，我有什么不同的感觉？
- ☑ 我在碰触自己、抚摸自己、掐自己、扯自己的头发时，都有什么感觉？
- ☑ 在运动时，我的膝盖有什么感觉？在休息时，我的膝盖又有什么感觉？
- ☑ 把手放进嘴里后，有什么感觉？
- ☑ 放在嘴里的手被濡湿，又有什么感觉？
- ☑ 我的身体足够温暖吗？
- ☑ 外界温度宜人吗？
- ☑ 我需要多运动，来变暖和一些吗？
- ☑ 我是否因为身体已经足够温暖，而不再有运动的乐趣呢？

尤其当我们抚摸宝宝时，他会更努力地去感受自己的身体。

和宝宝聊天

宝宝在前 3 个月里发出的难以辨认的“叽里咕噜”，逐渐演变为稍有规律的“咿呀”。宝宝重复着单词的某个音节，发出一些取悦自己的声音。在和宝宝聊天时，缓慢的语速、不同的着重发音，都有助于宝宝更好地理解您。

宝宝开始咿呀学语了。您可以模仿他，重复他发出的声音。宝宝被您的模仿所吸引，对您做出热烈的回应（常常会开心地大笑起来）。宝宝还会重复您发出的声音——亲子间的一场亲密对话就此展开。这是一场围绕“语言”展开的游戏，您在其中扮演的正是宝宝的榜样。

宝宝将自己的声音也视作玩具。**在接触语言的过程中，每个宝宝会表现出独有的学习形式，并逐渐建立起自己的语言积累**。宝宝对语言的理解程度逐渐提升，他也开始学会发出刺耳的吱吱声，含糊的嘟囔声，或是轻轻的低语声。宝宝发出的声音时强时弱、时长时短，他也可能会在呼气时突然紧闭双唇，从而发出一种“呼哧呼哧”的声音——嘴唇的震动取悦了他。宝宝开始尝试控制声音的强度和音色，从而发出高昂或低沉的声音。

环抱宝宝的身体

双手从宝宝腋下穿过，环绕住宝宝的上半身。然后将宝宝高高举起来，让他和我们的眼神相交，倾听我们的话语。分别让宝宝向左、向右倾斜（如上文所述），倾斜角度由小到大，最后达到 90°。宝宝利用上半身和腿部来平衡这种位置变化，这使得他的背部肌肉得到大幅度增强。

如果宝宝已经良好地适应了这种位置变化，并且显示出了充分的安全感，那么我们可以帮助他将身体向前倾斜，直到水平位置（背部朝上），然后再轻柔地帮助宝宝向后旋转回原来的位置。宝宝在向后转动时，我们要注意避免他的头部发生不受支撑往下坠的情况。因此，这一环节要求宝宝已经具备独立支撑头部的能力。宝宝的倾斜程度绝不可超过其脊椎承受能力。

如果宝宝已经安全且愉悦地享受游戏，那么我们可以增加游戏的难度：让宝宝转动一整圈（360°）。首先抱起宝宝，让他的身体打直，呈脸朝下、头靠近我们的姿态，接着按照顺时针方向将宝宝转动 90°、180°，这时宝宝转动到了头朝外、脚靠近我们的位置。然后继续转动宝宝，让他最终回到原点。

这项游戏也需要我们注意兼顾到宝宝的身体两侧。这是一项对亲子双方来说都十分吃力的活动，我们可在宝宝出生后第 5 个月再开始这项游戏。一开始可能只能让宝宝倾斜至 45°。如果宝宝的确乐在其中，我们再缓慢地将这个角度调整至 60°。等宝宝满了 6 个月后，宝宝朝向各个方向的倾斜角度都可增加至 60° ~ 90°。

游戏时要注意控制宝宝的转动速度，让宝宝能够依据自我能力来平衡自己的头部、身体、手臂以及双腿。宝宝大多会在这种位置变化之中获得乐趣，并用笑声来回馈您。此外，也要注意给自己和宝宝留有充足的休息时间，让亲子双方都能在这段时间来整理这次经历，并为接下来的游戏积蓄力量和精力。

许多针对 1 ~ 3 个月的宝宝的游戏都可通过适当调整，来为 4 ~ 6 个月大的宝宝提供活动支持。

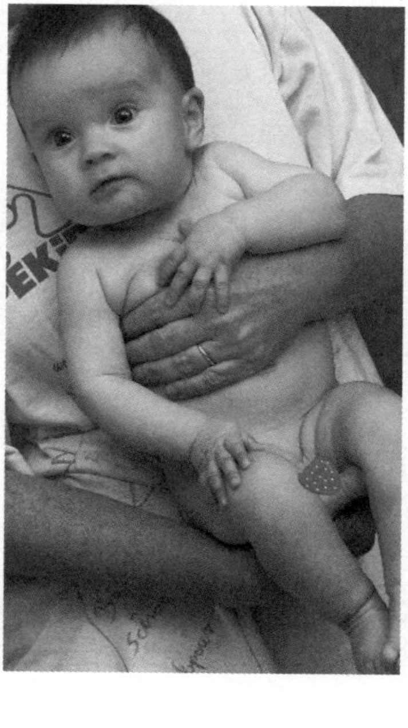

让宝宝倚靠着我们的上半身

帮宝宝打直上半身、脸朝前地“坐”在我们的小臂上——宝宝会喜欢这个游戏的。要记得让宝宝紧靠在我们身上，以免他的脊椎负担过重。采取这种姿势，我们把宝宝抱在胸前，穿梭在房间里，漫步在花园中，一边和宝宝共同欣赏那些有趣事物，一边向他介绍、解释这些事物，也可以让宝宝用双手去触摸或抓取它们。

通过这样的活动，宝宝进一步了解了周围环境，并开始学习如何准确估量自己和事物间的距离，从而对其做出及时的反应。

我们带动着宝宝朝前、朝两边、朝后弯腰，宝宝尽量平衡着自己的头部，并同时尝试继续将有趣的事物留在自己的视野中。

“我的儿子克里斯托弗，他跟我一样热爱音乐，我有时候也很爱跳舞。于是我们常常就着这种姿势，伴随着音乐，在旋律中翩翩起舞。”（艾维，33岁，女秘书）

让宝宝有意识地踢蹬水球

我们可以将宝宝放在一颗水球上，让他踢蹬这颗水球。

出生后 4 ～ 6 个月，宝宝开始有意识地用力踢蹬水球，从而让球体运动起来。现在的球体直径应该约为 40 厘米。

您一定要抓紧宝宝的上半身。如果您只是随意地用单手托住宝宝臀部，就很容易让他从球上摔下去，导致他受到惊吓、感到疼痛。

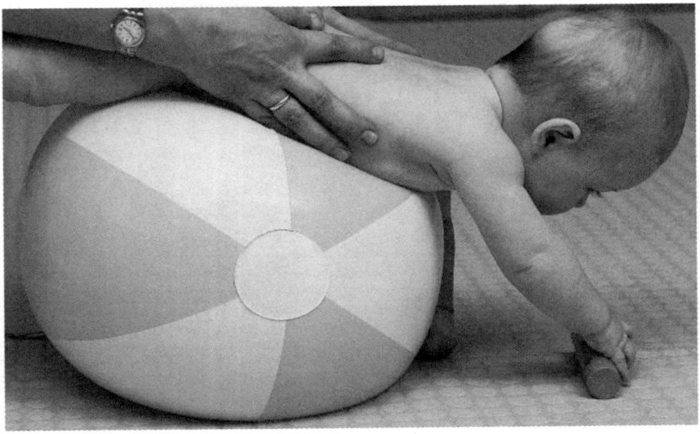

宝宝聚精会神地踢蹬着。等宝宝差不多满 6 个月时，我们可以在球体前再摆放一个别的玩具。宝宝开始有目的地踢蹬球体，从而拿到这件玩具。现在，宝宝的头部越抬越高，他的双手也基本处于打开状态。

通过在游戏中仔细观察宝宝，您能了解到更多宝宝的天性，您会了解宝宝的特点、接受这些特点并对其做出合理应对。

在宝宝上方悬挂串有玩具的绳索

如果在宝宝上方悬挂一条串有玩具的绳索，4 ~ 6 个月大的宝宝会开始用手去抓握绳子上的小球、小方块、吊环、拨浪鼓、钥匙等物品。

我们建议您在绳索上挂上至少两种不同的物体，这样才能促进宝宝将注意力分散到不同物体上。宝宝能够看到不同的颜色，感受到不同的形状和表面。

您也可以用绳子将一些比较稳固的物体拴在一起。对此，椅子不是一个好对象，选择时谨慎为好，因为宝宝会试着把这些玩物向下拉扯，如果椅子翻倒，宝宝很可能会因此受伤。

您不必打扰沉浸在游戏中的宝宝，就让他自娱自乐吧！这个阶段里重要的是让宝宝建立起规律的作息表，让宝宝在清醒时刻能专注自己的玩耍。或许您会注意到：宝宝现在很少在清醒时发出尖叫了。他也许会一边嘟囔着自言自语，一边满意地用双手摆弄着玩具。

让宝宝玩耍自己的身体

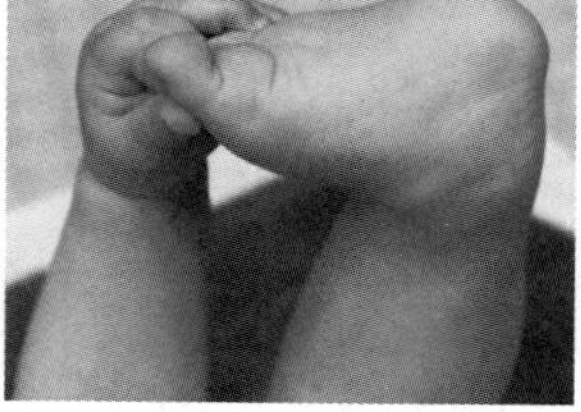

您会经常发现：相比穿戴整齐，宝宝在赤裸身体时活动得更加积极。4 ~ 6 个月大的宝宝开始更频繁地将双手举到眼前，并着迷地玩耍起来。

仰面躺着的宝宝会将腿部越抬越高。他先是抓住大腿，接着是膝盖。等宝宝满了 6 个月，他能够轻易地用手抓住双脚，并玩耍起来。要想促进宝宝的这种活动，您可以在宝宝的脚上绑一个发圈，或是给他穿上一双鲜艳的袜子，这都会让宝宝格外注意到自己的双脚。

宝宝很喜欢独自玩耍自己的身体。请您留给宝宝足够时间，让他去体会、触碰身体。在此过程中，宝宝常常会自言自语。宝宝最喜欢躺在地上，因为空间宽敞，让他能不断检验、练习方才学会的东西。例如，宝宝在将身体转向侧面时，活动的空间越大，他的活动也越多。

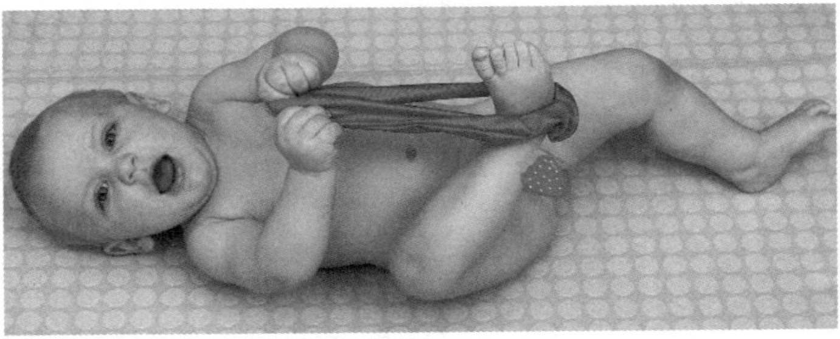

让宝宝拥有独处时光，这和亲子间的共同玩耍一样重要。要让宝宝独自玩耍，探索自己的身体，试验自己的声音，并不断尝试自己的感官能力。

婴儿背带

宝宝现在很喜欢待在婴儿背带里，他也能够良好地适应我们的活动。亲子间的“亲密无间”让宝宝感受到亲近，同时宝宝的视野也会比较开阔。利用背带来将宝宝背在身上，我们能够更轻松地做家务（如扫地、洗衣服等），宝宝也会津津有味地观察我们的活动，并从中积累起有关物品用途的经验。而在外出时，婴儿背带也能让宝宝更充分地去观察各种运动的物体，如汽车、小狗，或是风中摇曳的树木。

> “我经常用背带将托马斯背在身上，然后步行去幼儿园接我的大女儿安克。安克和我手牵着手走路，托马斯则打量着路上经过的学生们。相比用一只手推婴儿车，用一只手牵着一个小朋友，现在这样让我觉得轻松得多。”（莉泽尔，30 岁，社会工作者）

坐在背带里的宝宝看似毫无成长，但实际上这样的“静止状态”为宝宝的发展提供了重要的“加工”阶段——他获得的各种经验在此时得到处理和进一步接收。

3.5 针对 7 ~ 9 个月宝宝的刺激活动

了解并回应宝宝的需求十分重要，母亲自己感知、接受并满足自我期望和需求也同样重要。无论是为了自己，还是为了母子间的共同发展，只要母子间的多数需求能够得到顺利调和和满足，且母亲能够正视自己对另一位伙伴（丈夫）的需求，对这个家庭来说都大有裨益。

到了出生后的下半年，您会观察到，宝宝正变得越来越喜欢运动。宝宝对自己的新能力感到骄傲，他不断地重复练习这些能力。宝宝开始有了野心，他想要进一步学习、完善不同的能力。只要我们能放手让宝宝去创造自己的经历，不去限制或规范他，也不让他被困难所击倒，那么宝宝的这种野心还将继续持续下去。到了这个阶段，需要我们提供的支持会不断减少。我们最好加强对宝宝的观察，并在宝宝有需求、有期望时，给予他及时的帮助。

也就是说：**请尽量让宝宝独立，仅在必要时才施以援手。**

上文介绍的各种针对 1 ～ 3 个月、4 ～ 6 个月大的宝宝的游戏，也仍然能为现阶段的宝宝继续提供快乐。因此您可以继续开展这些活动，直到宝宝对它不再感兴趣为止。

让宝宝不断体验各种活动，并给予他们足够的认可，有助于宝宝自信心的不断增长。现在，宝宝的自主运动也开始变多，这也会对宝宝的整体发展，如循环、呼吸、肌肉组织、消化等身体功能产生积极影响。

宝宝的个体发育差异变得越发显著。也许在头半年内，宝宝某些领域的发展分化并不明显，但从现在开始，宝宝的特点、性格，以及对运动的喜好程度都变得越来越不同了。

蕾娜特（26 岁，工业生产经理）在某次家长互助会上说道：“马尔特现在快 7 个月了。他还没学会转身，但小组里的其他宝宝都已经能够做到了。”

马尔特是一个相对安静的宝宝。在观察这对母子时，我注意到他们常常进行十分亲密的对话。马尔特最近似乎正痴迷于自己的声音，他也喜欢在手中握着玩具玩耍。相比起来，小组中的其他宝宝已经学会了转身，并开始尝试进一步的活动。或许马尔特在粗大运动机能上稍显落后，但他的母亲也不必太过忧心，因为他在精细运动机能和语言发展上都表现出了优越性。

帮助宝宝了解物体名称

在宝宝学会“说出”有意义的单词之前（主动语言），他需要先能够理解这些词汇（被动语言）。宝宝要先掌握被动词汇，才能开始主动讲话。即使对成年人而言，我们也拥有一个更大的被动词汇库。我们也许能够理解这些词汇，但是我们并不使用它们。因此，在给宝宝展示不同物品时，要记得告诉他不同事物的名称。随着宝宝的不断长大，只要我们一念出这个名字，宝宝就能认出这样物品，并将自己的目光投向它。等宝宝满了1周岁，他便能够准确地拿起我们所说的物体了。

在头半年里，宝宝的头部、躯干、手臂和腿的运动发展是重点。到了后半年，宝宝的运动机能便开始了更加全面的发展（全身都会参与其中）。例如：

- ☑ 从仰卧位置翻转到俯卧位置，从俯卧位置翻转到仰卧位置。
- ☑ 身体伏地爬行，用双手支撑着爬行，或坐起身来。
- ☑ 支起身体，跪着，站立，稍微走几步。

按照从头部到手脚的顺序，宝宝开展并完善各项运动。手部运动的发展，在出生后的下半年里也起着重要作用。一方面，手臂和双手帮助宝宝在房间里移动，如爬行和起床；另一方面，宝宝学习着利用双手和手指来进行各种不同的抓握。这两种发展过程都具有相同程度的重要性。

增强背部、腹部和颈部的肌肉组织，对健康的体态来说是极其重要的，这能极大地保护身体内部器官的功能。通常，宝宝会在此阶段热衷于“划水”活动，这是一个很费力的动作，它能够强化宝宝的肌肉。请您在宝宝完成该动作后，也效仿着进行一次。

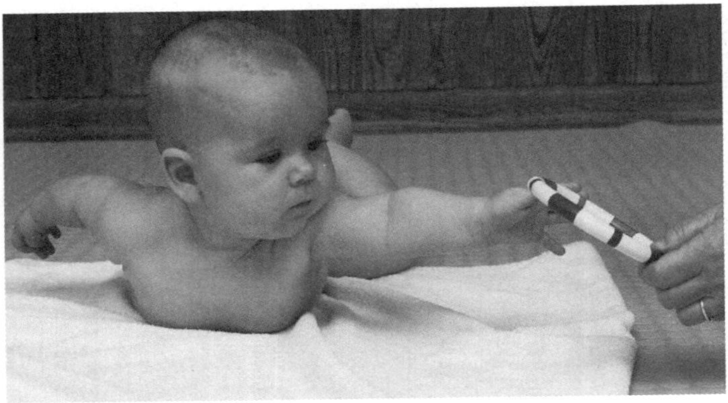

现在，宝宝需要一个更大的自由空间，大到足以吸引他从仰卧位置转身到俯卧位置，吸引他翻滚和爬行。在这样一个更大的空间里，宝宝会了解其身体适应环境的方式，认识到什么时候会发生碰撞，学习如何避免这种碰撞和提前预知碰撞的方法。

为了让宝宝能够进行良好的尝试，我们可以把宝宝放在一块大毯子上，或者让他干脆在干净、温暖的地板上玩耍，并在他附近摆放一些玩具。

在这个年龄阶段，我们会观察到宝宝总转向身体的同一侧，并保持这种侧躺姿势玩耍。这就是宝宝的**“惯用侧”**。那么就需要您从另一侧给宝宝展示一个玩具，让这一侧身体也对宝宝具有吸引力。

在侧躺位置，宝宝可以尝试上述各种游戏。

宝宝会一边侧躺着玩耍玩具，一边用手去抓自己的大腿或膝盖。渐渐地，宝宝甚至能够用两只脚来抓握不同的东西。

宝宝会经常活动他的腿部，有时候看起来仿佛在跑步一样。宝宝在侧躺位置上尝试进行这种运动模式，从而为以后正式进行跑步活动做好准备。

宝宝学着将上半身转向与臀部相反的方向。为了从仰卧位置转向到俯卧位置，宝宝的肩胛带和骨盆之间需要发生螺旋运动。在从仰卧位置转向俯卧位置时，宝宝尝试的正是最初的主动的身体位置变化，这种活动将来会过渡为“爬”和“坐”。要完成这种变化，宝宝几乎需要控制身体的每个部位。

请观察您的宝宝，他会这样做：

- ☑ 将头部转向一侧。
- ☑ 将一侧肩膀从地面抬起，转向另一侧。
- ☑ 将一只手臂举起来，放到另一侧。
- ☑ 将身体朝前转动。
- ☑ 将一侧臀部抬起，转向侧面。
- ☑ 抬起一条腿，将它转到另一侧。
- ☑ 抬起双脚，转动，直至足尖着地。

此外，宝宝会晃动自己的身体，以达到腹部着地的目的。您可以亲身尝试一下这种转动，并观察自己的身体。您会发现，这种运动模式是多么复杂，也就能估计出宝宝有多吃力。您的模仿会让宝宝感到很开心。

只要宝宝还没有掌握上述描述的动作中的任意一项，那么这种转动都是无法实现的。例如，宝宝有腰椎突出的情况，那么他就不可能完成转动。尤其当您抱起宝宝、将宝宝背在身上的时候，一定要特别注意他有没有出现腰椎突出的情况。

“我的儿子菲利克斯没法从躺着变成趴着，他只能从趴着变成躺着。我觉得他对此不太高兴。”（加比，29岁，医师）

不少宝宝满6个月后能学会从俯卧位置转到仰卧位置。宝宝会打直手臂，用双手撑地，将自己的身体支撑起来。他会发现，一旦他弯曲一只手臂，或将一只手从地面上抬起，他的上半身会出现移动。宝宝会尝试去平衡他的身体重量，但这很难成功，容易导致他背部着地摔倒。跌倒会给宝宝带来恐惧，使他极力伸展双臂，不过也会有一些宝宝在摔倒中找到乐趣。宝宝一次次地尝试，逐渐甩开自己的恐惧。您需要确保宝宝周围没有尖锐物体，以避免宝宝摔倒在上面或是与其发生碰撞。

我们将在下文中介绍一些游戏，用来激励宝宝从仰卧位转身到俯卧位。这种转身是有意识的，过程中的每个阶段都可以由宝宝自主中断。

转向俯卧位

变式1：宝宝正在独立地转向侧面，给宝宝递上一个抓环，用它牵引着宝宝转向侧面（甚至转向俯卧位）。需要注意的是，宝宝应该转向他的视线方向。

如果我们想从另一个方向（侧面）开展游戏，那么我们可以先用玩具或我们的脸来吸引宝宝的注意力，让他看向这个方向，然后再递给他抓环，从而牵引着他转向侧面。

变式2：在宝宝面前放置一个有趣的玩具，让他能够在转动到俯卧位后拿到它。您也可以在让宝宝躺下的时候这样做——让他必须先转过身体，然后才能和他人进行交流、产生联系。

如果宝宝还无法独自完成这项活动，我们可以用手给宝宝的臀部施加轻柔的压力。

变式 3：为了让宝宝产生自己独立地完成了转身的感觉，我们可以让他躺在一个稍微倾斜的平面上。比如说，我们可以把宝宝小床上的床垫稍微倾斜一些，或者在一条床腿下垫一块裹起来的毛巾，使其高度增加 5 厘米左右。由于宝宝出生后很长一段时间都会在泡沫垫上玩耍，因此这里的小床换成泡沫垫也同样适合。

让宝宝躺在我们身上，并鼓励他向前运动

将宝宝放在我们的腹部，然后我们向右、向左移动身体，并且让宝宝牢牢地固定在我们的身体上，宝宝会努力适应我们的运动。宝宝可以采用腹部或是背部贴紧我们身体的姿势。如果让宝宝静静地躺在我们身上，那么这种姿势也能让宝宝得到很好的休息。

每次最好只进行一项游戏，但要尽量兼顾到宝宝的身体两侧，并将其与支持宝宝其他能力发展的游戏相结合。

请您思考以下问题：

- ☑ 哪一项游戏让您的宝宝最乐在其中？
- ☑ 原因是什么？
- ☑ 您的宝宝偏好身体的哪一侧？
- ☑ 有理由解释宝宝的偏好吗？

您自己想到了哪些游戏？

我想再次强调，**所有运动的出发点必须是宝宝，执行者也是宝宝，我们的任务只是给宝宝的发展提供刺激，并支持宝宝的活动。**递给宝宝一个抓环，看看他是否会伸手来抓住它，看他是否会试着挺起自己的身体。如果您发现宝宝已经做好迈入新的发展阶段的准备，请继续给他提供支持，并在接下来的时间里持续给宝宝施以最必要的援手。

在宝宝正式学习爬行之前，我们能够观察到许多预备阶段。例如，宝宝在俯卧趴着时，总是会尝试用手臂撑起自己，这会逐渐发展为宝宝用腹部下方接触小床表面。

以身体中轴线为中心进行转动

宝宝俯卧着趴在地板上。我们在宝宝身体一侧放一个玩具，来促使他用双手拍打侧面。

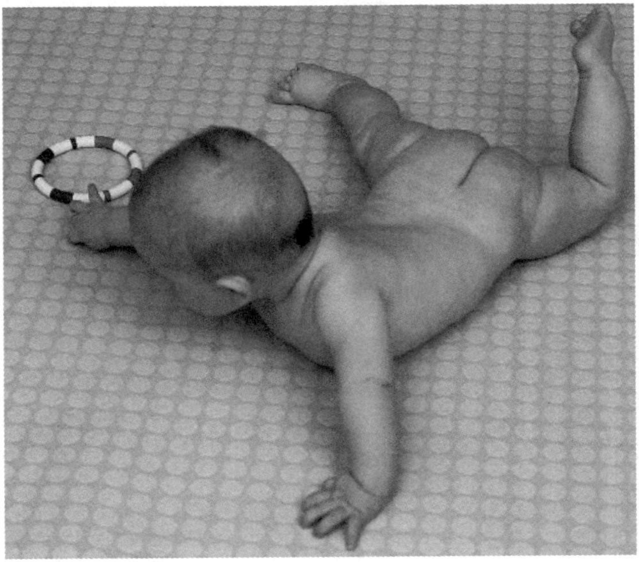

宝宝通常会打直手臂，将身体撑起来。他的双手呈半开或完全张开状态。现在，宝宝的握拳姿势已彻底消失：宝宝的两只手臂平行地撑在头部两侧，然后将整个胸部都抬离垫子。宝宝的头部重量分摊在他的双手和腹部上。渐渐地，宝宝能够像时钟指针一样，以身体中轴线为中心进行转动。我们转动拨浪鼓，让宝宝听得到声音却看不到拨浪鼓，从而刺激宝宝做进一步的运动。宝宝会停下活动，用眼睛找寻声音的来源，尝试找到拨浪鼓的位置。宝宝会把身体转向声音的方向。在“旋转”过程中，最重要的是要避免宝宝总是将身体转向“惯用侧”。在游戏中，宝宝会学着分辨“距离”带来的差别。

放置玩具时，要让有的东西容易拿到，有的东西需要费力。**最重要的原则始终是：让宝宝能在适当的努力后如愿以偿。**因为如果宝宝总是不能达到自己的目标，会挫伤他的勇气，导致他的运动欲相应减弱。宝宝的游戏要尽量以宝宝大获成功作为结局，这样才能够带给宝宝满足感和认同感，让他更有动力去参与各种新尝试。

手部灵活度的发展

宝宝除了学习各种躯干和四肢机能的分化能力，如爬行等，还要开始学习手部的精细活动。宝宝需要进行各种较为安静的、需要更加集中注意力的精细活动。

从宝宝出生后的第 7 个月开始，他会学习把物体从一只手换到另一只手上去，并不断打量它，将其翻来覆去地做一个全面观察。在抓握物体时，宝宝的大拇指和其他手指能够呈相对的姿势。用手抓紧某个物体，正是宝宝非常重要的一个发展阶段。现在，宝宝能够用他的手指攥住物体，他的手掌能够不再直接触及物体——这种抓握的方式正是区分我们和猴子的重要分水岭。

跨过身体中轴线抓取物品

我们从宝宝的身体左侧递给他一个玩具，宝宝可能会用右手来抓取玩具，然后带着玩具越过身体中轴线来到身体另一侧。宝宝现在的运动又呈现出了不对称的特性。宝宝这样做时，常会发出不同的声音。

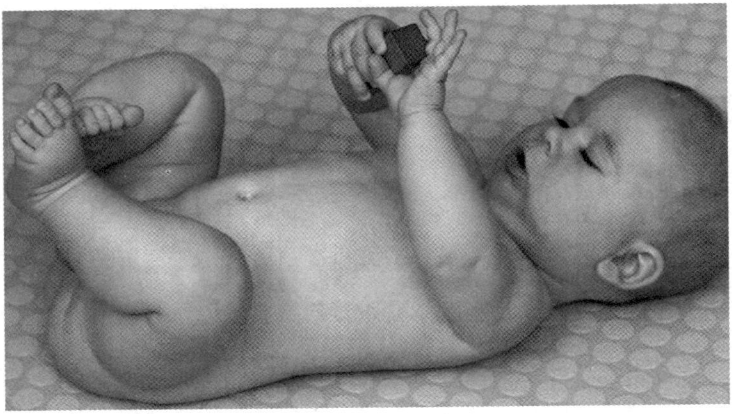

到了宝宝出生后的第 8 个月，多数宝宝都会经历一个热衷于用物体敲打其他物品的阶段。有时候，宝宝会用物体敲击桌子，有时候他们会将手里的两个东西对碰——这就是典型的对称性运动。这个年龄的宝宝根本不会在意面前的是尿布，是玩偶，或者是积木块，宝宝均一视同仁地拿起来敲打。宝宝的这种活动不会受到任何物品特征的影响（虽然敲打尿布时不会发出愉悦的噪声）。

宝宝现在特别喜欢将物品扔到地上，并观察物品掉落的过程。宝宝对丢出的物体总是向下坠落的这一事实感到很惊奇。许多父母都以为，宝宝是因为生气才将举在手上的勺子丢到地板上，但其实这样的尝试中蕴含着极富意义的一节课——**宝宝通过不断重复而弄清楚大自然的一条规律（重力）。**

等宝宝满了 9 个月，宝宝就能只用大拇指、食指和中指拿起较小的物体，而不使用其他部位。宝宝对待不同物体的方式开始有所区别：宝宝可能会用积木块进行敲击，因为这样能够产生噪声（宝宝对此乐此不疲）；而对于橡胶玩偶，宝宝则会用力挤压，因为玩偶会发出吱呀的声响。此外，宝宝会学着将各种物品小心翼翼地放在垫子上。

∾ 不同的抓握方法

您可以通过以下方法来支持宝宝精细运动机能的发展：供宝宝玩耍的东西要由不同的材料制成，它们要或大或小、或硬或软、或轻或重、或实心或空心，这样才有助于宝宝获取关于不同特征的经验。玩具只能作为日常用品的替代品，这个年龄的宝宝已经十分熟悉身边的用品，但考虑到他的年龄，我们只能提供一些不对他造成伤害的东西。当然，如果能用到我们平时使用的物品，会让宝宝特别开心。

我们要让玩耍的宝宝拥有尽可能多的自由。我们为您提供的各种建议要灵活使用，不能拘泥其中。

宝宝在玩耍时，请您观察：

- ☑ 宝宝是如何抓取物体的？
- ☑ 宝宝是如何抓紧物体的？
- ☑ 宝宝是怎么处理物体的？
- ☑ 宝宝是如何学习物体的特点和功能的？

∾ 将玩具放置在浅口（扁平）的容器中

让出生头半年的宝宝感到兴致盎然的玩具，它的吸引力在下半年依然存在，但宝宝的玩耍方式会变得更多样、更全面。例如，我们可以把蛋匙放在一个托盘上或一个扁平的盒子里。宝宝会试着将蛋匙从容器中拿出来，然后再放回去。如下页图片所示，这项游戏为 PEKiP 小组带来了不少乐趣。

作为补充，下述物品也适合作为满 6 个月的宝宝玩耍的玩具：各种大小、形状、塞满的或空空的盒子，（酸奶）杯，勺子，打蛋器，筛子，锅，枕头，手巾，手帕，围巾以及钥匙等。

在拿给宝宝任何物体之前，请您先问问自己：这件物品能否带给宝宝快乐？是否对宝宝有害？要知道，像发泡塑料和塑料箔这类的东西一旦被宝宝吞下去，是非常危险的。

或许您的宝宝拥有特别喜爱的玩具吗？他总想让它陪在身边，睡觉时也不例外。要允许宝宝从玩具身上获得抚慰，尤其当宝宝需要和您分开时，玩具的作用能够格外凸显。

此外，宝宝睡觉时需要和您分开，您也可以给宝宝拿一样您的私人物品，来给予宝宝稍许安慰。多年来，我的儿子总把我的一件衬衣拿走，当作贴身的小毯子。衬衣的布料柔软，上面留有他熟悉的味道（我的味道），这都能够让他很快平静下来。

您的宝宝现在将开始认识第三个维度，即“纵深”。

~ 给箱子打洞

请您在一个鞋盒上切开一个洞口，洞的大小应该足够让宝宝把手伸进去。请您在鞋盒中装满积木。宝宝会将手伸进鞋盒，并把积木从中拿出来。

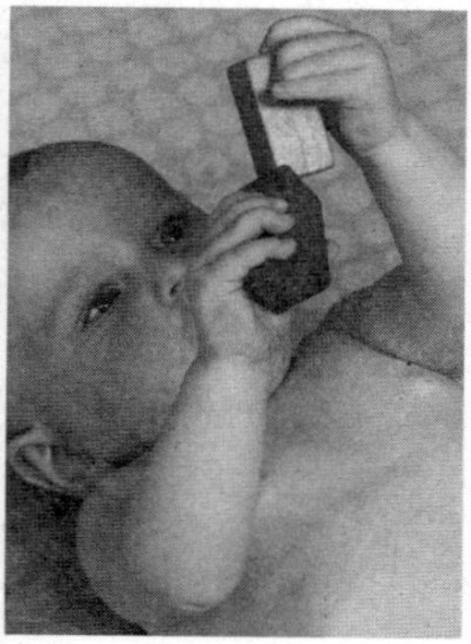

~ 给宝宝的两只手都放上玩具

给仰卧躺着的宝宝的双手各递上一块积木块。宝宝会让它们进行碰撞，并对其发出的声响表示高兴。如果我们给宝宝递过去的是两块手帕，那么宝宝在碰撞它们时不会听到任何动静。如果是一块手帕和一块积木进行碰撞，同样也不会发出声音。宝宝在进行这样的尝试时，我们可以伴随性地说一些这样的话：“真奇怪，就算你使劲将两块手帕按在一起，也没有一点声音。但是要是换成积木就又完全不一样了。真棒，你现在发出的声音很响亮。”

~ 把身体向后撑开

让宝宝趴在垫子上，然后把一个玩具放在宝宝眼前，使他能清楚地看到这个玩具，但又不能立即拿到它。宝宝会试着去拿到玩具。他想要用手撑着自己向前，但不小心让身体倒退向后了。结果就是，宝宝为了取得玩具而做出的尝试越专注，他离玩具的距离就越远。他们时常会因此而火冒三丈。为了平息宝宝的怒火，我们可以在宝宝臀部后方也放置一些玩具。这样，不论是向前还是向后，宝宝都能拿到玩具，这让他心满意足。

出现这种“向后活动”的原因是：宝宝虽然手臂打直撑起了身体，但身体却不受控制地向后滑动。出现这种情况时，我们可以用易懂的语言安慰宝宝，表达我们的理解，从而缓解他的愤怒。

此外，我们也可以轻轻扶住宝宝的身体，避免他的躯干向后活动。这也有助于宝宝逐渐建立起如何才能向前运动的印象。

对某些宝宝而言，这种“向后活动”的阶段会持续相当长时间，然后才会被“向前活动”替代。通过从“向后活动”中吸取经验，许多宝宝能够逐渐发展出一种向前的活动，就像坦克的金属履带那样：宝宝把手放在身体前方，支起自己，然后把身体向前“抛去”。他不断地撑起身体，不断地让头部向前滑动——这也是向前活动的多种方式之一。这种活动方式能让宝宝获得较快的运动速度。

您也可以尝试一下这种姿势。其实这个活动十分费劲，但它又的确是一种很不错的身体锻炼活动。宝宝在进行这项活动时，我们一定要帮助他很好地支撑住头部，免得脸部着地。

玩耍双脚

这个年龄的宝宝在仰卧躺着时，很喜欢玩耍自己的双脚。如果他还无法完全够得着自己的脚，那么脚上穿着的袜子会吸引他的目光。宝宝会扯着袜子，然后将脚送到离嘴越来越近的地方。大部分宝宝能够在某一天成功将脚送到嘴里。在进行这项游戏活动时，宝宝通常会用力地弯起他的髋部（如图片所示）。

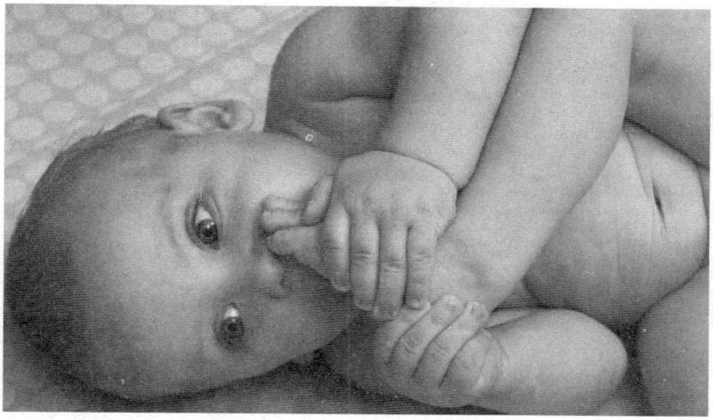

伸手向上抓取物品

当宝宝俯卧趴着时，与地面接触的通常只有他的腹部。如果我们从宝宝上方递给他一个玩具，他会用一只手臂撑住自己的身体，并用另一只手去抓取玩具。宝宝的身体离开了中间平衡位置。为了不让自己翻倒，宝宝会像图片中这样，用左膝来支撑身体。

拉扯抓环

当宝宝尝试让自己变成坐姿时，已经能够很牢靠地抓紧我们的手指，那么这时候我们可以递给宝宝两个抓环，供他抓握。宝宝会了解到，他现在已经完全可以依靠自己的力量进行移动。

我们用一只手抓着抓环，另一只手则虚扶在宝宝的上半身后（注意不要碰到宝宝的身体），以防宝宝突然松开抓环并向后倒

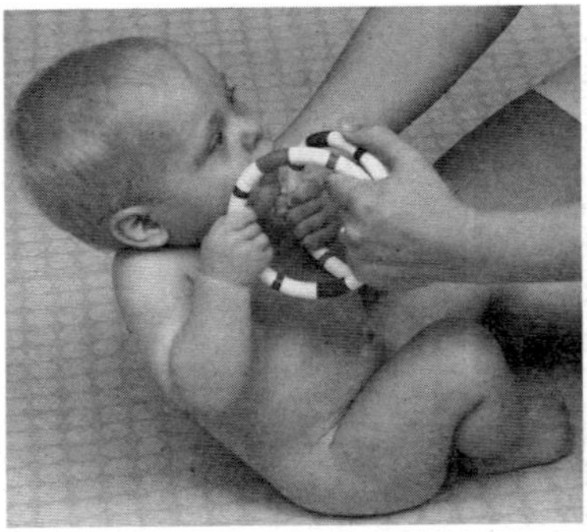

去。当宝宝差不多已经到达坐姿时，我们又慢慢地带着抓环向下移动，轻轻地让宝宝恢复到躺下的姿势，如图片所示。

要想让宝宝的肌肉良好发育，进行规律运动的效果会更好。因此，宝宝获得的刺激应当是让他朝着坐姿的方向直起身体，而不是让他真的保持坐着的状态。依靠自己坐起来的能力，是从最基础的爬行能力中发展起来的。如果我们能够轻柔地让宝宝前后或左右晃动，就可以减轻让宝宝从“坐起来的姿势”变成仰卧姿势的难度。这种活动会让宝宝相当开心。

已经熟悉了这项游戏的宝宝会紧紧抓住抓环，来避免自己摔倒。那么这时候宝宝可以开始每次只用单手握住抓环。

用单侧手肘支撑身体

我们从侧面递给侧躺着的宝宝一件玩具。宝宝抬起头，依靠小臂将自己的身体撑起来，以便用另一只手拿到玩具。此外，宝宝还会利用自己的脚来支撑身体，从而保持身体的平衡。

3.6 关于“坐”

人们时常说，宝宝在学会怎么爬之前，会先学会怎么坐。当宝宝拉着父母递过去的手，慢慢直起身体时，许多家长会认为宝宝已经有意愿坐起来了。但这种移动只是宝宝出生后的第 5 ~ 6 个月时的正常手臂反应，因为宝宝会拉扯住任何能够接近的物体，包括他自己的脚。宝宝在有能力学习如何坐起来之前，必须先学习让身体达成坐姿和从坐姿变成其他姿势所必需的各种运动。

过早地坐起身会破坏宝宝的正常发展步调。

在现阶段，宝宝的背部肌肉和腹部肌肉尚未足够发育，宝宝还没有学会如何在坐着时用一只手撑住自己的身体。因此，宝宝会失去平衡地向侧面或向后倾倒，或是不断地将身体继续向前弯曲。挺直身体，对宝宝来说是相当麻烦的。为了避免自己摔倒、受伤，进而感到疼痛，宝宝会保持非常僵直的坐姿。有些家长想着通过枕头来撑住宝宝，免得他摔倒，但这种行为并不能保护宝宝的脊椎不受损伤。宝宝在躺卧时进行的各种活动，如滚动、爬行、翻腾、拉伸、舒展或是玩耍双脚，对坐着的宝宝来说都不再可能。

“我家塔贝阿真的很喜欢坐着。想要让她在躺着的时候不哭，基本上是没有可能的。刚开始的时候，我会一起坐在她身后，免得她翻身摔倒。但是我也不可能一整天都陪她坐着。于是，我就在她周围放上枕头，这样她就不会摔倒了。然而这样做以后，她的坐姿却十分僵硬。我觉得她应该是害怕会摔倒。只要玩具从她的大腿上掉下去，她就会哭起来。于是，我又得不断忙着把玩具给她递回去。”（汉娜，34岁，教师）

汉娜觉得，这样做对她的女儿是有好处的。但实际上，处于这个年龄阶段的宝宝正学着开始变得更加独立。如果如汉娜所说，由于宝宝没法重新拿到玩具，于是他在玩耍中仍然需要妈妈的参与，那么就算是宝宝不能继续保持坐姿时，他也需要获得母亲的帮助，否则他就可能会摔倒。因此，母亲实际上会让宝宝更加依靠她，这种行为是对宝宝的过分保护。

很明显，宝宝必然需要一段时间的适应，然后才能舒适、开心地躺在地板上独自一人玩耍。总是不断地“呼唤”母亲到来，肯定也会让宝宝感到相当愉悦。但只有当宝宝从侧躺姿势或四肢着地的姿势中学会了坐姿，并学会了让自己从坐姿变换为其他状态时，他才真正依靠自己领会了“坐”这一行为。这种经验也同时能够增强宝宝的自信感。

当我们让宝宝以俯卧姿势趴着或仰卧姿势躺着后，宝宝通常会独自一人进行玩耍。宝宝会在不给身体过分负担的情况下，锻炼各处肌肉组织，而这些肌肉能在不久后的将来帮助他将身体坐起来。在趴着的时候，大于 6 个月的宝宝就会打直手肘，用手掌撑地。在这个过程中，宝宝的骨盆依然靠在地面上。每当宝宝这样支起自己的身体，他的背部肌肉就能够得到锻炼和加强。请您采用这种姿势，同样地趴在地面上尝试一次。您会感觉到您的背部肌肉紧张程度。处于仰卧的姿势时，这个年纪的宝宝会将腿部大部分弯曲在空中。这样做的时候，他经常在训练他的腹部肌肉。您也可以尝试一下这种姿势。

宝宝学习如何“坐”起来，首先是从仰面躺着和侧躺着开始的。您可以旋转本书，从侧面来观察下面的图片。婴儿的腿

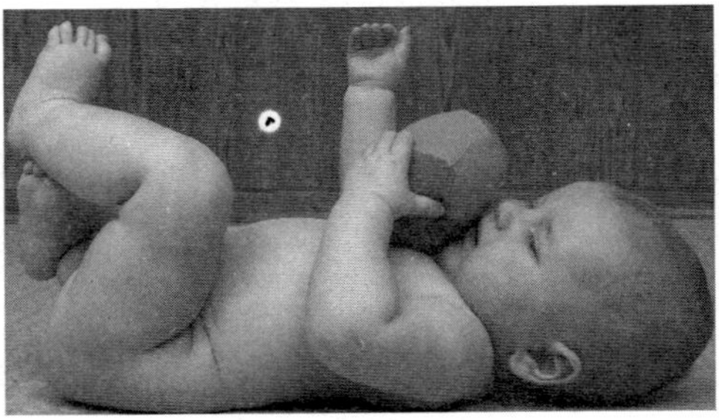

与身体之间基本上形成了一个直角。

当宝宝从仰卧位转向俯卧位时，他也正是在培养其旋转能力，这项能力在宝宝坐起身的过程中具有相当重要的作用。

当宝宝已经具备依靠自己坐起来的能力时，才是让宝宝坐起来的恰当时机。

我们绝不能够仅凭着一张写满宝宝在这个“年龄”应当满足的标准表格，而不考虑每个宝宝的实际发展（发育）“年龄”，强迫宝宝去完成不同的活动。

我们只支持那些与宝宝的个体发展情况相适应的活动，而这种发展状况对每个宝宝而言都会有所不同。这类表格只能显示出平均值，用来供我们作为大方向的参考。

宝宝已经在相当程度上掌握了侧躺的能力，其上半身已经能够从地面上抬起稍许，并通过前臂支撑获得支持。而宝宝的另一只手臂则可以自由移动和进行玩耍。

随着时间的推移，宝宝依靠手臂的程度愈发变少，直到他最后能够通过双手牢牢地进行支撑。宝宝的身体也抬得愈发高起来，最后宝宝能够自在地坐起来。

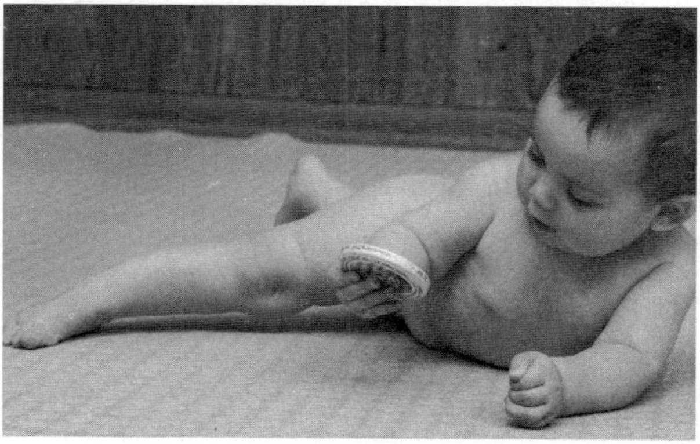

如果出于某种原因，宝宝在坐起身时失去了平衡，他就会立即用一只手撑住自己，避免自己跌倒。这种反应产生于宝宝出生后的第二个半年里，就算我们已经长大成人，它依然在不断地保护我们，避免我们摔倒。我们撑住了自己的身体，从而保护自己的头部和躯体免受伤害。

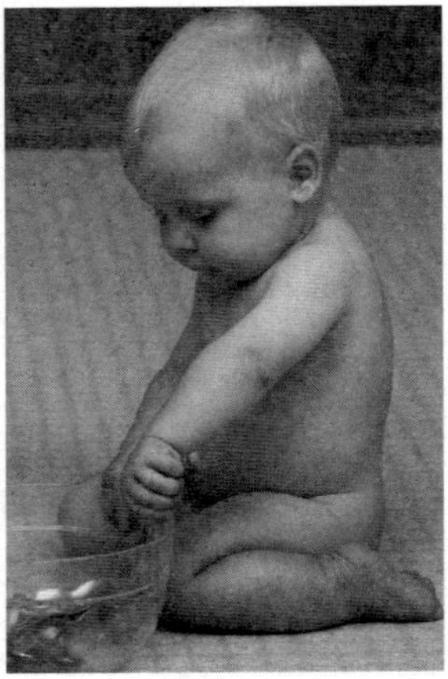

就像宝宝自如地坐起身来一样，宝宝也能够再次将身体转向侧面，并重新让自己的活动回到地面上。宝宝用手和手臂撑住自己，重新转动到侧躺姿势，或是借助另一只手臂让自己转向俯卧位。

也有许多宝宝在发展过程中，跳过爬行，直接学习坐。宝宝在进行一些需要将体重分配给腿部和双手的运动后，其整个背部肌肉组织都得到了加强，这样，已经能够稳当地爬行的宝宝，能够在不借助外力帮助的情况下，从爬行姿势转变为坐姿，并从坐姿转变为跪姿。

宝宝能在爬行的时候，支撑起半边的身体，从而达到侧坐姿势，他能够有意识地为了坐起来而挺起身体，并重新从坐姿位置转变回到四肢着地的爬行姿势。宝宝能够自主地根据其偏好来改变姿势，并且不依靠父母或他人的帮助。

许多宝宝也会从爬行姿势变换到跪坐在小腿上的姿势——如图片中的宝宝所示——并采用这种更多着力于膝盖的姿势进行玩耍，宝宝也可能会将一条腿伸在前，一条腿放在后。宝宝在玩耍时有多种可采用的跪姿或坐姿。

往地上丢东西

处于这个年龄段的宝宝，他不会满足于待在桌子上和我们玩耍，他还会将手边能拿到的东西全部丢到地上。看见我们挨个将物品捡起来，他会觉得津津有味。如果您在已经疲于继续弯腰捡东西，那么请您像图片中的这位母亲一样，**让宝宝自己去把他丢下的东西（比如说勺子）捡起来，您需要在此过程中向宝宝解释这种行为。**

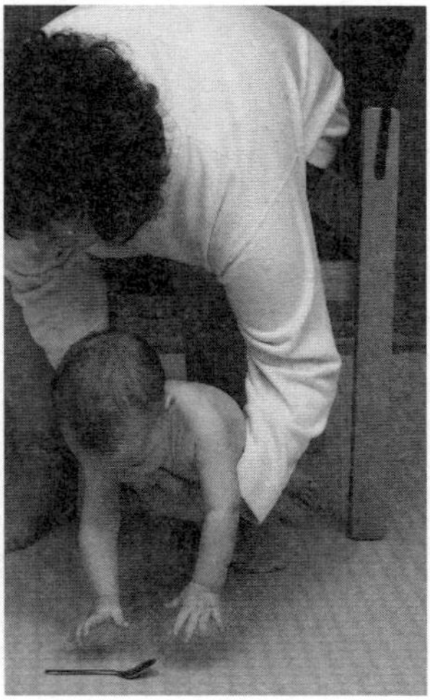

您的宝宝很可能依然我行我素，继续将勺子之类的东西丢到地上。如果您总是嘴里不停地数落他，却不做出实际行动，那么这也可能会让宝宝心烦意乱，他会觉得您似乎“说得比做得好听”。这种情况下，您最好结束这次游戏，让宝宝回到地面上，让他在地板上继续玩耍。

玩耍表面粗糙的物体

我们不仅提供给宝宝柔软的物体供他玩耍，还要鼓励他拿起各种表面粗糙的物体。例如，一支干净的洗手刷就非常适合让宝宝玩耍。宝宝会将它放进嘴里，感受片刻，因为它和嘴唇相触碰的感觉实在是不同寻常。然后，宝宝或许会用双手小心翼翼地探索这个物体，并花一些时间来研究这个“扎手”的玩意儿。用一个磨砂的肥皂盒也是可以的。总之，宝宝会更好地学到柔软的和粗糙的物体之间的差异。

我们拿给宝宝的物体，必须具有足够的吸引力让宝宝去理解和感受。

请不要同时拿给宝宝太多物体，也请您不要打断宝宝的探索过程。只有这样，宝宝集中注意力的能力才能不断得到发展。宝宝有兴趣且有必要进行一些重复活动。

玩耍绳索 / 丝带

这个年龄的宝宝很喜欢玩耍各式各样的绳索和丝带一类的东西，尤其是让绳索从盒子中露出来一头，然后让宝宝扯着它，后来拉出来一大截。但绝不可以放任宝宝在没有您看管时玩耍绳索类的物品。

让宝宝从我们的身上爬到地上

当宝宝开始准备爬行时，我们可以鼓励宝宝按照自己的节奏向前爬行，我们自己也躺在地上，让宝宝横跨在我们身上，从而为宝宝的爬行活动提供一些帮助。我们给宝宝展示一个玩具，并将玩具放在我们自己的身体上。我们一边和宝宝聊天，一边鼓励他拿到玩具。

宝宝会尝试着推动我们身体来拿到玩具。在这个过程中，切记用一只手扶住宝宝的背部或臀部，免得他在弯腰抓取玩具时摔倒。一定要注意，我们只能给宝宝提供必要的帮助。

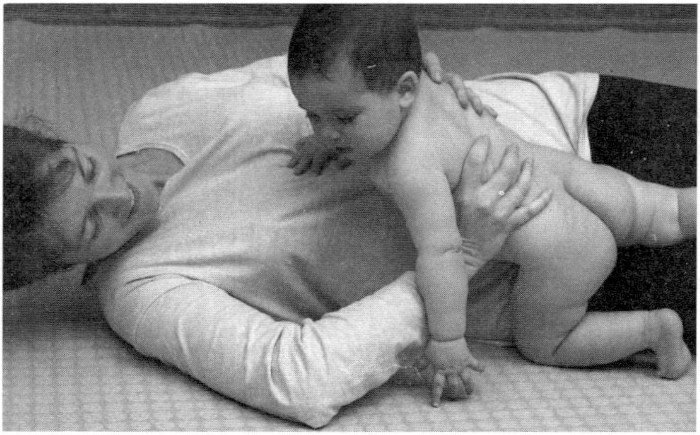

躲猫猫游戏

我们用一块布把脸遮住，然后弯腰看向宝宝。宝宝会伸手来抓这块布，把布扯掉。于是我们就再次出现在他们眼前，宝宝便紧紧地注视着我们。宝宝会经常重复这项游戏，并在其中获得无穷的乐趣。

我们也可以用布把宝宝的脸遮住。在开始阶段，我们选择的布料应当尽量透明，才不会让宝宝感到害怕。等宝宝逐渐乐在其中以后，我们可以循序渐进地换成更厚实、更宽大的布，并且留给宝宝更长的时间，来让宝宝完全将布从眼前移开。

宝宝移开了眼前的布后，立即就能看到妈妈或爸爸的眼睛，这会让他非常开心。

在宝宝出生后的下半年，父母和宝宝都在试探对方是否 或是在何种程度上理解了他们的手势和信号，并做出恰当回应。因此，在进行这项游戏时，亲子双方最好能够交替扮演游戏中的主动角色。

这个年龄段的宝宝已经能够弄懂监护人的意图，并学习着对此做出相应的回应。图片上的宝宝正津津有味地参与着爸爸的捉迷藏游戏，并试着将爸爸的手推开。

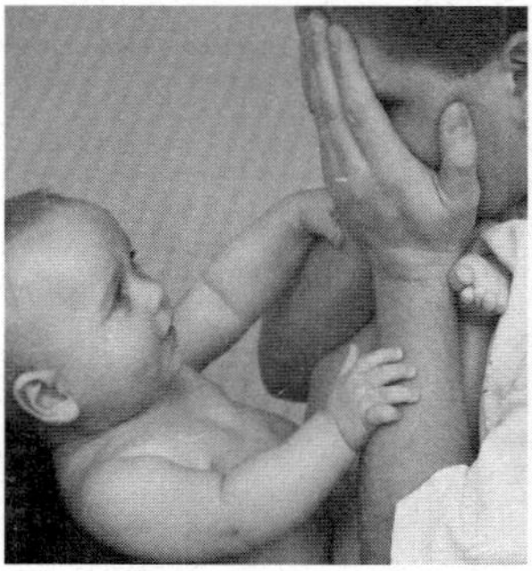

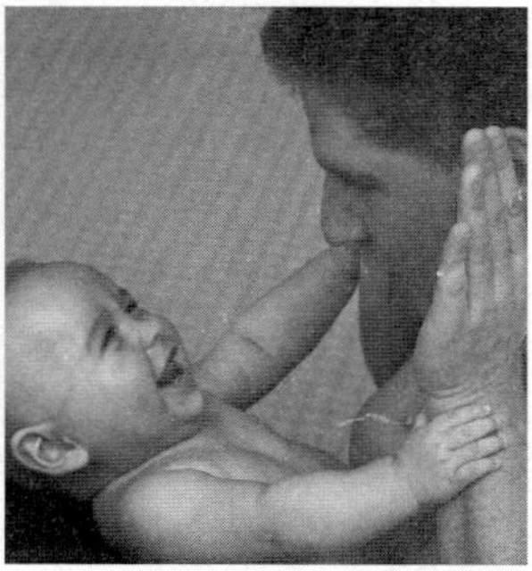

出生第一年的宝宝不仅会和人“聊天”，还会和他玩耍的各种

物品交流。但在和物品交流的过程中，宝宝会选择使用比和人交流时更高的音调。宝宝还会在游戏进行得不顺心时，改变他的音调。

现阶段，宝宝对于哪项游戏最合他的心意会呈现出更具差异化的态度。当宝宝能够更持续、更开放并且更专注地进行游戏时，我们可以适当地增加游戏时间。尤其是对在职的父母来说，规律的游戏时间为他们提供了一个良好的机会去专注地陪伴宝宝玩耍。

宝宝喜欢听一些歌谣，例如"一闪一闪亮晶晶"等。等宝宝满了 1 周岁，他已经能够伴随着歌谣挥动双手。

要切记一点：**请给宝宝重复吟唱相同的歌谣，并进行相同的手指游戏，这样宝宝才能够在重复中不断进行学习、记忆和模仿。**

当爸爸离开时，这个年龄的许多宝宝已经能够做出类似打招呼的动作。各种形式的手指游戏也具有相当程度的娱乐性。莱蒙德·普赛特（Raimund Pousset）在其罗维特（Rowohlt）系列丛书之"伴随宝宝成长"——《手指游戏与其他小贴士》中收录了大量时兴的和传统的诗歌、歌谣以及手指游戏。

"我的父母来探望我时，费利克斯总是很开心的。但只要他们想要把他抱在手臂上，费利克斯就会开始哭泣。他们觉得很委屈，虽然他们仍然孜孜不倦地尝试着把宝宝抱起来。我不希望他们彼此都伤心。"（克里斯汀，31 岁，社会工作者）

有的宝宝大概在出生后 3 个月就开始有了这种怯生感，有的宝宝会稍晚，也会有宝宝完全不出现这种情况。宝宝出生后的第 7 个月到第 10 个月的阶段里，这种现象会变得格外明显。宝宝一方面从母亲身边离开；另一方面又相当渴求母亲就待在身边，这样他才不会让自己陷入危险的状况。

因此，比起时常和父母一起经历陌生环境的宝宝，那些多数时候只和父母待在一起的宝宝更容易被陌生人惊吓到。

您不能对宝宝的这种怯生情绪坐视不理。切记，**要让宝宝自己去抉择他和陌生人的亲密程度**。即使是宝宝的外婆，只要她平时不和宝宝住在一起，那么对宝宝来说，至少目前她还是个陌生的人。如果宝宝在这个年龄阶段不能自主选择与他人的亲密程度和距离，那么将来他会很难明确地告诉他人，他并不想和他们产生亲密关系。早早地学会这种抉择，也许能够保护宝宝将来不受性侵等各种伤害！

过去，人们认为宝宝要在出生后的下半年才开始具备区分熟悉人与陌生人的能力。但事实是，宝宝在出生后的第一周就已经能清楚地确认他的父母。在宝宝出生后的下半年里，宝宝的左右侧脑半球间的联系进一步增强。左脑半球主要存储思维和语言，而右脑半球则属于情绪与感受。随着左右脑相互联系，宝宝对于各种社会经验的反应愈发差异化。宝宝能够仔细地观察眼前的人，并决定自己和这个人之间的亲密程度。

由于宝宝总是对一切事物感到好奇，因此他会不断地寻求自己与陌生的世界间的联系，尤其是当他已经相当确定建立成功联系的方法时。

这个年龄的宝宝需要不断地从他重要的监护人，也就是他的父母那里获得双重保障。这种怯生可以说是极富意义的，宝宝独自从母亲身边爬走时，怯生会阻止宝宝过分靠近陌生人和陌生环境，从而防止宝宝陷入危险。

如果外婆因为宝宝不愿意靠近她而感到伤心，请您耐心地向她解释，告诉她宝宝没有恶意，只是与宝宝和她的上次见面时隔太久，宝宝一时回忆不起来而已。可能就连一天不见的爸爸，宝宝也会对他产生陌生感。对宝宝而言，他在思索如何对待“陌生人”，并考虑着“谁和我很亲密？我不喜欢谁？”的过程里，其性格发展又向前迈进了一大步。

如果您能理智地接受宝宝怯生的这种情况，那么宝宝也就能够很快地再次和他人发展关系了。

3.7 宝宝向前移动的方式

很多宝宝在一开始时会通过爬行来向前移动，但他们爬行的方式各有不同。有些宝宝将手臂放在地上滑动，就像是自由泳的姿势一样。他们先移动手臂，然后再让身体和双腿顺势向前活动。而有的宝宝则双膝跪地，双手放在地上撑起身体，并将双腿交替滑动向前。当宝宝学会如何从仰卧姿势转变为俯卧姿势，并能够再次转回到仰卧姿势时，很多宝宝就能够翻滚着在房间里活动。

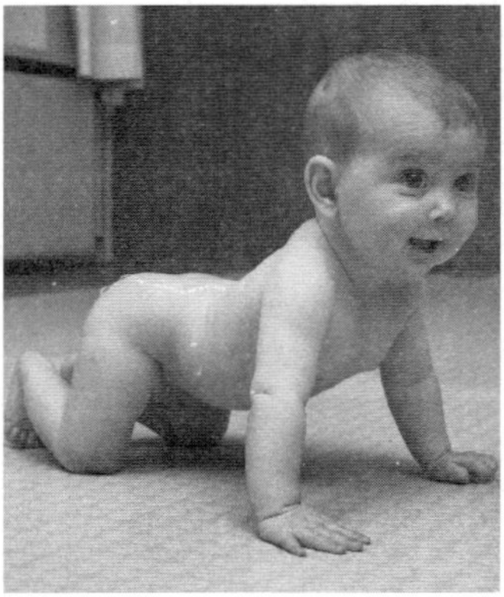

还有一些宝宝将身体贴在地上，依靠一只手臂和一条腿向前滑动。还有另外一种可能的爬行方式，即宝宝先抬起身体，四肢着地，将自己的身体向前抛掷，并不断地重复着让自己从俯卧姿势变成四肢着地的方式，不断重复着将身体向前抛出去。很多宝宝会在四肢着地的姿势时将脚跳到肩膀下方，从而向前活动。通过采用不同的前进方式，宝宝能够接近自己的目标位置。他们在不借助外力的帮助下，能够朝着母亲或是其他引起他们注意的事物运动。

再过几周，宝宝独立地逐渐建立起典型的爬行姿势。他们用膝盖支撑身体，手臂打直撑在地上，双手基本完全打开。宝宝前后晃动自己的身体，并在此过程中不断平衡自己的体重，如图片中的宝宝一样。

许多宝宝还会耸起臀部，双手双脚打直撑在地上。宝宝就这样晃来晃去。请您也尝试下这种姿势，您一定会发现，必须相当努力地适应这种姿势，才能够让自己不失去平衡。

有些父母不禁发问，想知道**如何才能让宝宝在这种情况下不会受伤**。

苏珊娜（28岁，银行职员）说道："我们的女儿斯文娅刚刚学会了向前活动。我们在考虑，需不需要买一个婴儿围栏，免得宝宝在活动时发生危险。"但您要知道，如果让斯文娅待在围栏里活动，她很可能会觉得自己受到了严重的限制。

您可以想象一下：您已经拥有了驾照，您的车也停在门口，结果其他人禁止您开车，并且这条禁令要持续数周才能结束，那么您的心情如何？

因此，成年人需要格外注意：请不要过分限制宝宝的活动。

我们希望您放弃围栏，采取别的策略来应对这种情况。宝宝离地面的高度，最好调整为宝宝能够触及的程度。

宝宝多数时间都会待在您的附近。如果宝宝爬过来抱住您的腿，让您觉得有些困扰，您可以动作幅度小一点、谨慎一点地稍微运动腿部。

苏珊娜继续说道："但总会有一段时间我没法照看宝宝，比如说我需要去地下室拿东西的时候。"

应对这种短时间的缺席，您可以让宝宝躺在他的小床里玩耍玩具，并把床上的被子抱开。您不必担心：宝宝会懂得"该上床睡觉"和"该在妈妈不在时在床上玩耍片刻"之间的区别。

如果您仍然决定选用一个婴儿围栏，那么请您注意，最好要在宝宝开始爬行活动之前，就把他抱到围栏里，这样宝宝在心理上才能更容易地接受自己要暂时在围栏里玩耍一阵的事实。一般来说，我们只能让宝宝短暂地待在围栏里玩耍一小段时间。

让宝宝撑在您的身上

请您仰面躺在地板上。您在身体一侧放一个玩具，让宝宝跪在您身体的另一侧，并让他靠在您的腹部。宝宝会试着去拿到玩具。请您在此过程中对宝宝说一些鼓励的话语。宝宝现在踩在您的身上，并用脚使劲蹬您。如果宝宝拿不到玩具，您可以稍向玩具一侧倾斜，来降低宝宝拿到玩具的难度。宝宝手脚并用，交替向前。请您一定要用手护着宝宝，注意他的安全！

了解现象的前因后果

请您拿给宝宝一张包装油纸，宝宝用油纸发出窸窣的声音。宝宝会逐渐了解到，当他把油纸放进嘴里打湿以后，这张纸会变软，并且不再能够发出任何声响。于是，宝宝学习到了现象产生的原因和自己行为的影响，并且会不断地重复这个过程。

宝宝一般不会把油纸吞下去，但也请您慎重选择可食用和不可食用的物品。不少宝宝会把纸堆在上腭处，并且随时可能将它吐出来。我们可以用食指来帮助宝宝把纸取出来。宝宝在玩耍油纸的时候，您最好还是待在宝宝的附近。

用来帮助宝宝学习前因后果的道具，也可以是能够发出吱呀声的橡胶玩具。宝宝会不断尝试摆弄橡胶玩具，看它是否能够发出吱呀声。宝宝如果把积木块掷在地上，会发出很大的声音，丢在被子上则不会如此。

宝宝会不断地重复这些游戏，从而确认相同的行为是否能够带来相同的反应。

让宝宝在趴着时伸手向上方抓取物体

宝宝俯卧趴着时，请您递给他一个玩具。您也可以将玩具放在离宝宝 10 厘米高的平面上。宝宝会转移身体重心，先用一只手臂撑起身体，然后举起另一只手臂，伸向他的目标玩具。

帮助宝宝达到四肢着地的姿势

当宝宝有能力短暂地将身体从垫子上抬起来时，我们可以帮助宝宝达到四肢着地的姿势。我们双手环绕抱住宝宝的胸口，将宝宝稍微向上抬起来一些。图片中的宝宝已呈现出爬行姿势，并在大人的帮助下向前迈出了爬行的一步。

我们也可以利用宝宝身上的尿布，将尿布伸展至 15 厘米宽。然后轻轻提起宝宝的尿布，让宝宝的上半身离开地面。宝宝不再需要独自承担自己的体重，也就能更轻易地转换为四肢着地的姿势。宝宝尝试着采用四肢着地的姿势来回晃动。很多宝宝会持续数周这项活动，从中锻炼自己的平衡感。有时候，宝宝忍不住想要伸展手臂和腿，那么您就可以提起尿布，继续抬高宝宝的身体。宝宝会发现，他现在能够自由地移动胳膊和腿，于是开始向前移动（即不直接用手抱起宝宝，而是扯着尿布来给宝宝施加一个向上的力量，从而帮助宝宝的身体离开地面，让宝宝能够在不用花费力气来支撑身体的情况下活动手脚，逐渐学会这种四肢着地的姿势）。

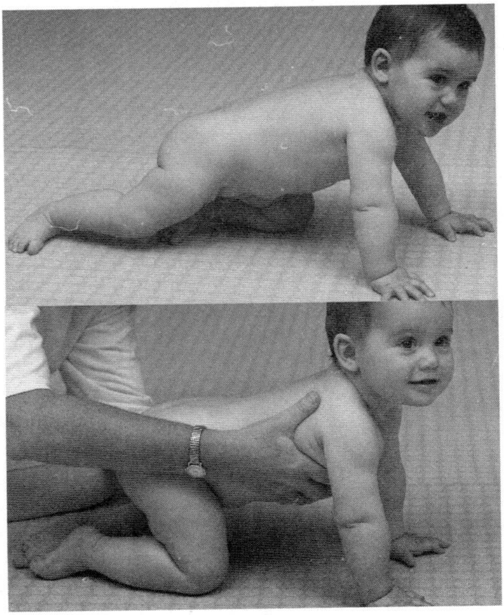

在此过程中，您的宝宝是否像划水一样挥动手臂和腿部呢？如果是，这就说明这项游戏暂时并不适合您的宝宝。

此外，您也可以将宝宝的一条腿压在他的身下，从而激励宝宝转换为四肢着地的姿势，或者您也可以把宝宝放在一根较为低矮的泡沫轴上。

让宝宝坐在您的大腿上独立进食

如果您的宝宝还无法独立坐起来，您可以让他坐在您的大腿上，靠在您的身体上（要注意避免宝宝背部蜷曲），和您一起待在餐桌边。请您在宝宝面前的桌上摆放一些小点心，让宝宝能自在地独立进食，毕竟他已经学会了如何将手中的物体放进嘴里。

宝宝希望了解食物的样貌、触感、香味，以及尝起来的味道。您可以拿给宝宝一块新鲜的面包片和一块不太新鲜的面包皮，让他尽情品尝，帮助他了解不同食物具有不同特点和口味。宝宝通过自主进食锻炼了自己的独立性。

让宝宝分开重叠的杯子

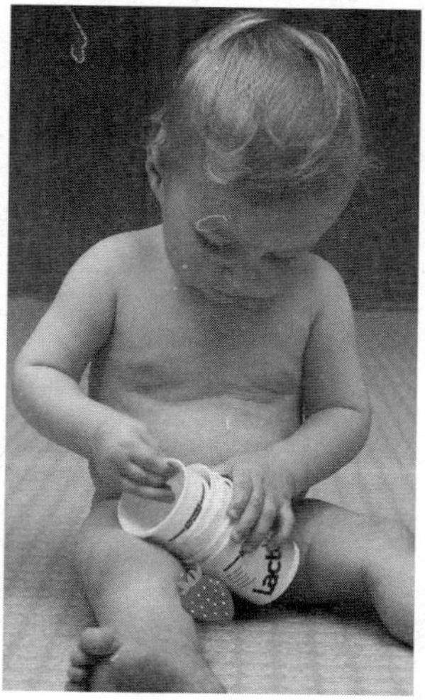

拿给宝宝许多相互重叠在一起的甜筒杯或酸奶杯。宝宝会像图片中的宝宝那样，用自己的方式抓住杯子边缘，并把这些重叠的甜筒杯或酸奶杯相互分开。宝宝也可能会用手抓着杯子内部。

3.8 学步车的弊端

要想减轻婴儿学习走路的难度，买一辆学步车是一个不错的建议。父母总是期冀着学步车能让宝宝更快学会走路。宝宝自己倒是很喜欢学步车，因为他的各种需求，包括让身体保持挺直或是让自己不断向前活动等，都能利用学步车来得到满足。宝宝满意的模样，更会让父母确信他们的购买物有所值。

但如果做进一步的审慎思考，我们会发现，学步车实际上有不少弊端：

☑ 宝宝待在学步车里时，明显使用更长时间的垫脚姿势，因为他只有脚尖蹬地，才能让自己和学步车动起来。因此，学步车会妨碍宝宝脚掌着地的正常站立姿势。

☑ 宝宝会把胸口靠在学步车的边缘，并凭借这个推力来使自己和车向前移动。但宝宝会因此无法学会如何找到身体重心，从而无法培养起挺直站立的能力。

☑ 使用学步车，会使得宝宝缺乏有关如何独立挺直身体、站立并行走的经验。

☑ 宝宝很难培养起与自己年龄要求相符合的平衡感。

☑ 那些不使用学步车的宝宝通常会反复弯曲膝盖和髋部，不断平衡自己的身体重心，从而不断练习自己从“趴”到“站”的过程，父母显然能够观察到宝宝不断起身、趴下的行为。在不断的重复后，宝宝能建立起自己在其他活动中的自信，不同宝宝的行为也会呈现出愈发明显的差异性。

- ☑ 坐在学步车里的宝宝总是保持着相同的高度，因此他弯曲和伸展身体的训练被剥夺了。
- ☑ 自然而然地学会走路的宝宝，会通过扶着家具直起身体，并紧紧靠着家具达到安全的站立位置。随着宝宝安全感的提高，宝宝能够沿着家具一步一步地向前行走。
- ☑ 如果宝宝过长时间待在学步车内，那么他的背部会过分负重。

过多依靠学步车的宝宝，会忘记自主活动的趣味，不太在意努力和成长的密切联系。宝宝会逐渐觉得，躺在地板上、自主地转身或是爬行，全都毫无乐趣，只有待在学步车里面，宝宝才会重新恢复满意。我们的确是给宝宝提供了一种更舒适的方式，就像我们连买个面包都想要开车去一样，尽管我们都知道，多运动才是一件好事。

宝宝的平衡感发展也停滞了。学步车会阻碍宝宝天然形成的行走活动，让宝宝丧失自主行走的信心。此外，学步车也有可能导致后果严重的"翻车"事故，毕竟宝宝不能像小猫那样灵活地翻转身体。

宝宝在不断练习自身能力的同时，还需要清楚地知晓自己的能力程度，才会变得愈发自信。而阻碍一个人获得经验，或剥夺他行动的机会，正意味着削弱这个人的能力。

3.9 针对 10 ~ 12 个月宝宝的刺激活动

在宝宝出生后的头半年内，宝宝的直接需求在亲子关系中总有着最突出的重要性。我们尽可能地满足宝宝的各种需求，**让宝宝明白：他的行为能够产生影响，而他的需求会被严肃对待。**

鼓励宝宝独立、主动地解决问题，也有助于提升宝宝的安全感，让宝宝更深入地意识到自己的能力。当然，我们也要告诉宝宝，除此之外，他还能够向他人（父母）寻求必要的帮助。但我们不必提供过多帮助，而要推动宝宝在解决问题的过程中尽量多地发挥自己的作用。只要宝宝力所能及，让他全权解决自己的问题也是可行的。不过我们需要做好这样的心理准备：显然，宝宝自己解决问题的效率肯定会比我们来帮助他解决问题的效率低得多。

比方说，宝宝专门爬到沙发上，然后马上又想要爬下去。最快的方式当然是您上前把他抱下来。但最简单的方式，则是告诉宝宝："你已经能够自己爬上沙发了，顺便也给我们展示下怎么爬下去呀！"有时候，宝宝向下爬的时候会不小心跌倒在地，这可能会在一定程度上影响他的探索欲，但宝宝也会从中了解到，大人现在更宁愿让他独立地解决问题。

尽管这样的活动有些麻烦，但其意义是深远的：您可以站在沙发一旁，用言语鼓励宝宝自己向下爬。万一宝宝出现将要摔倒的苗头，您可以立即上前稳住他。此外，您还需要在一旁指导宝宝，让他在向下爬时先把腿放下去，免得摔倒。只要指导过宝宝一次，他就会在下次攀爬时实践之前学到的技巧，然后既快又准地回到地面。在宝宝出生后的下半年，您一定要多多促进宝宝这方面的独立性。请不要总是把宝宝抱在怀里，要相信他已经具备独立活动的能力。

对成年人而言，在动手开始某件事之前，我们总会提前预想这一行为的影响和后果。但这种斟酌对宝宝来说还为时尚早，我们要尽量避免宝宝过早地思虑太多，感觉到自己总是必须经历一番磨难后才能得偿所愿，导致宝宝踌躇不前。

宝宝的探索欲现在正是旺盛的时候，他已经开始有了希望实现某些愿望的意识。如果宝宝对某样事物展现出企图心（而您不希望他这样做时），您可以和他聊天，并配合他做出回应。切忌毫无意图地附和宝宝，一定要展现出您对他的理解。如果宝宝表示出抵触情绪，您还可以把他抱在臂弯里，然后温柔地告诉他：尽管您明白他的意图，但是您仍然希望他现在不要去抓炉灶这类的东西。

到了出生后的第 10 个月，运动成了多数宝宝的生活重点。玩具不再那样吸引他们了。宝宝开始意识到，看上去十分遥远的东西，他现在也能够拿到，再放在手上进行一番探究。您要知道，宝宝的学习和成长不可能总是百分百安全的，我们不应该因此而阻止宝宝开展各种尝试，破坏宝宝的学习激情。因此，为了配合宝宝的活动量，我们可以适当地调整公寓（装潢等），让宝宝的活动空间不受太多限制。

“教育的意义和成功性应在于塑造起宝宝的积极性。”

宝宝喜欢把桌布扯下来，或许您需要将桌布束之高阁一段时间。陶瓷花盆也最好紧锁在柜子里，而花盆则最好放在宝宝无法触及的高处。当然，家里的音响和电视也最好妥善摆放。落地灯很容易被推翻，因此常常给宝宝的活动造成安全隐患。插座最好也安上儿童安全装置。

请您先统计一下：哪些东西有危险、有毒或是太贵重，所以不得不储存起来，而哪些东西可以帮助宝宝获取更多的经验。

10 ~ 12 个月大的宝宝开始对各种事物追根究底，从而进一步了解环境。宝宝常常对自己行为的影响感到惊讶，于是他不断地重复此行为，直到完全理解了这件事情。

这个年龄的宝宝相当喜欢探索整个公寓。但在此过程中，宝宝仍会用不同的方式来保持和父母的沟通。他们会爬向父母的方向，或者“高声呼唤”父母来听到父母的回应，或者是盯着父母，以确保父母正在自己的附近。

宝宝在这一发展阶段里很容易发生碰撞，因此需要母亲花费不少时间来安慰宝宝。但宝宝通常很快便忘记了碰撞带来的痛苦，然后又兴致勃勃地投入一次“新冒险”中。毕竟“吃一堑，长一智”，宝宝接下来的行动会更加谨慎，通过一次次的重复，宝宝很快就能熟练地避开桌角和各种家具的尖锐处了。

人生中最早的权力之争，已然出现在这个阶段的成人和小孩之间。父母通常会禁止宝宝触摸花朵、炉灶的开关或是音响，但宝宝却置若罔闻，因为他正被自己强烈的探索欲驱使。有时候，宝宝觉得故意抓取那些我们“禁止”的物品，能够引起我们的注意，于是他便沉醉在这种亲子间的“推拉游戏”中。宝宝也懂得试探母亲的反应，试探母亲在权威被破坏时的态度。最重要的是：**您在下达禁令时，态度和行为一定有逻辑上的一致性。**例如，宝宝反复靠近客厅里的落地花瓶，那么您除了禁止他的行动外，还要记得直接关上客厅的门。

另一种学习过程则需要您花费更多的时间和耐心：**您可以直接向宝宝展示他们想要玩耍或拥有的物品，然后轻柔地指导他们该如何对待这些物品。**

您可以在客厅里摆放一个书柜，让宝宝有机会“读”一些经过精心挑选的书籍。或许您可以选取一些废弃的书籍或杂志，然后将它们和各种儿童绘本一起摆放在书架上，让宝宝刚好可以够得着。如果您能时常为宝宝提供适合其年龄和发展的书册，那么宝宝也能够更容易地理解并接受它们。

厨房的摆放也是相似的道理。您现在可以重新安排橱柜里摆放的物品，例如，在最下面的隔层里放上锅、塑料罐和塑料碗、各种易拉罐等可供宝宝玩耍的、安全无害的物品。要知道，只要有可供自己玩耍的东西，宝宝也不会对垃圾桶那么感兴趣。

宝宝的第一次成功爬行，是值得庆贺的。一开始，宝宝基本上只能向前移动几步的距离。要不了多久，宝宝就能独立地爬过整个房间，把整个家里翻个底朝天。

宝宝在爬行时可能会先同时移动右手和左腿，然后换为左手和右腿。这种交叉运动对于宝宝左右脑半球的交流，也就是所谓的“思考”，具有很重要的意义。

爬行能够为宝宝将来的良好体态打好基础，他们通常会在第 7 ~ 12 个月间学会这项能力。但您也不必过分拘泥于“发展计划”中的时间指数。

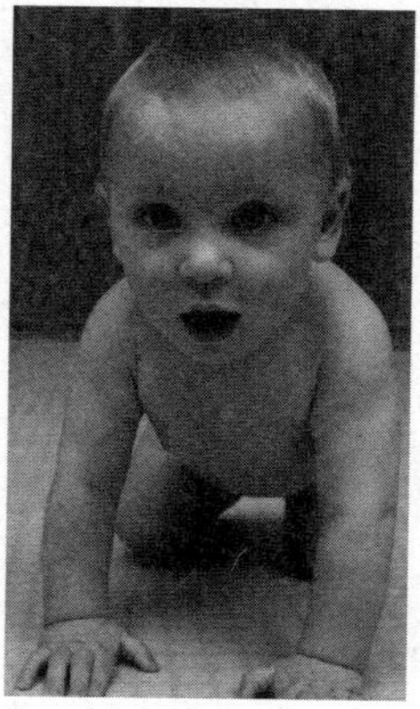

宝宝会先学会爬行，然后再学会坐，这才是一个良好的发展过程。爬行中有许多利用膝盖的活动，宝宝的背部肌肉也会得到加强，然后宝宝才能够独立地从爬行姿势转变为坐姿，并再次转回爬行姿势。

等宝宝已经相当熟练地四处爬行后，他也会逐渐直起身体，尝试站起来，侧身行走，回到蹲姿。要不了多久，他就能够熟练地行走了。

如我们观察的那样，宝宝的行动不断变得独立、自主。但他依然需要从我们这里获得刺激和关注，包括安慰、帮助等，宝宝的发展也会进一步得到增强。但不少家长过分“擅长”宠爱宝宝，总是事事亲力亲为，这会使得宝宝过分依赖我们，导致他独自玩耍的意愿被遏制，从而阻碍到宝宝的独立性发展。

3.10 针对向前活动和挺直身体的刺激活动

首先，我将在此为您介绍多种方法，您可以参考它们来帮助宝宝有针对性地锻炼身体的各个部位。如果在准备阶段就已经让宝宝具备了全身活动的能力，那么到了将来学习攀爬这类的活动时，宝宝也能更好地评估自己的能力和技巧，并顺利完成任务。我们要做的是弄清楚宝宝最喜欢的游戏，深入研究这些游戏，并适当地改动游戏内容，从而促使宝宝从中获得新的经验。

儿童会通过运动来获取知识，然后再将其转变为抽象思考。

让宝宝采用跪姿，保持身体直立状态

我们递给宝宝一个盒子之类的东西，鼓励宝宝跪起来拿取物体。跪着的高度很适宜，能让宝宝轻松地回到地面上。

让宝宝靠着父母，挺直身体

宝宝现在开始能够一边扶着大人的身体，一边挺直自己的身体。成年人要注意配合、适应宝宝的活动，并帮助宝宝先达到跪姿，然后继续挺直身体。

图片中这位父亲只为宝宝提供了少许帮助，他要做的只是保护

宝宝不摔倒。

让宝宝在不同的表面上爬行

如果宝宝已经开始学着爬行，我们可以尝试让他在不同的表面上活动，例如，户外的草地、沙子或是石头地面上。在不同的地面，宝宝自然也会有不同的表现。有的宝宝就随意地在不同的地面上爬行，完全不考虑地面的各种特征。另外，有些宝宝则偏向于先用双手感受、探索身处的表面，然后再缓慢地开始爬行，并有意识地去适应各种不熟悉的表面。

有的宝宝不喜欢在感觉不舒服的地面爬行，这让他们畏惧、退缩。但我们可以陪着宝宝一起感受地面，告诉宝宝我们的体验，或许能够帮助宝宝改变心意。但如果宝宝始终表现出了抗拒，我们也不必强迫他们。再过一段时间后，怀有畏惧的宝宝也许能够战胜自己的害怕情绪，而不再轻易地被地面特征影响。

图片中的宝宝正津津有味地检查这块脚垫。

~ 让宝宝在倾斜面上爬行

如果宝宝已经能够熟练地爬行，那么我们可以尝试让他在倾斜面上爬行，这会进一步促进宝宝获得有关爬行的良好刺激。

首先，我们把一块板子倾斜一点摆放起来（最大倾斜高度为 5 厘米，板长度为 1 米）。宝宝在倾斜的板子上爬行，会学会转移自己的身体重心，从而避免自己朝前或者向后倾斜。

如果宝宝已经能顺利地完成上述活动，我们就可以继续倾斜板子，让宝宝进一步适应自己的重心改变。

此外，我们可以在带宝宝散步时多鼓励他爬坡或下坡，拓宽上述联系内容，来扩大、深化宝宝的练习。

~ 让宝宝在物体之间爬行

将不同的物体摆放在房间里（如椅子、纸箱子），让宝宝在这些物体之间的空隙里爬行。宝宝会学着判断自己在房间里的位置，并逐渐适应身处的狭窄过道。但是如果您家公寓的空间较为狭窄，就不再需要给宝宝设置这种额外的阻碍。

反过来，您可以让宝宝多到室外爬行，让他更多地感受自由、迅速、没有阻碍的活动。

൞ 让宝宝在不同物体间穿梭爬行

给宝宝设定多种不同的阻碍，让他在其中穿梭爬行。我们可以鼓励宝宝从桌子下爬过去拿一个球。宝宝将逐渐学会在椅子、沙发或茶几下，或从纸板盒之间，或是从掀开顶盖、底盖的脏衣服收纳桶之间爬行。

我们需要陪伴宝宝的爬行，并随时警告他不要在低矮的障碍物下起身。如果他总是试图挺直身体，就需要我们伸手护住宝宝的头部，免得发生碰撞。

宝宝一边玩耍着，一边学习着适应不同的高度。处理好各种新情况，克服各种障碍，获得来自父母的喝彩——这一切都让宝宝感到愉悦。

宝宝总是在追寻着新的尝试。

൞ 和宝宝进行追赶游戏

让我们采用和宝宝相似的姿势，一起在地上爬行。然后我们开始和宝宝开展你追我赶的游戏，这一定会引起宝宝阵阵热烈的惊呼。现在，宝宝已经能够灵活、迅速地爬行，我们只需跟随在宝宝身后，作势向前爬行着追逐宝宝。

这项游戏能够促进宝宝进行更专注、更迅速的运动。实际上，宝宝很喜欢“运动”和“休息”交替进行的节奏。此外，我们和宝宝在游戏中的沟通会让宝宝兴趣盎然。有时候，宝宝甚至会调转角色，掌握主动位置，把游戏变成追逐我们的活动。

您要知道：终其一生，宝宝也不会再有像在这一年里这样多、这样纯粹的笑容了。

让宝宝在爬行时伸手向上抓取物体

如果您的宝宝已然具备良好的爬行能力时，您可以尝试从比他高的地方递过去一个玩具。宝宝会用一只手和双膝撑起身体，然后用另一只手向上抓取。在这种姿势下，宝宝需要不断平衡自己的重心，来避免自己翻身摔倒。

让宝宝在略有高度的平面上玩耍

请您在房间里放置一个大箱子或盒子，其高度应约为15厘米。宝宝能够爬到这个箱子（盒子）上，并试着越过它，爬到箱子（盒子）的另一面。

让宝宝在台阶上爬上爬下

当宝宝已经完全掌握了爬行活动时，他会将注意力转向新的、更有难度的任务。现在一有机会，宝宝就会试着爬上台阶。宝宝会先把身体活动到台阶附近，然后用双手紧紧撑着阶梯，跪在台阶前面。接着，宝宝会把一条腿移动到台阶上，然后把身体重心转移到已经登上台阶的这条腿上，并把另一条腿也抬上去。有的宝宝会把上半身搁在台阶上，然后通过蹬腿来让身体向前挪动，从而使自己登上台阶。

这个过程中最重要的一点是：要鼓励宝宝学着从较高的平面或台阶上重新顺利地回到地面，毕竟“有上”就一定“有下”。

我们要记得告诉宝宝不要倒转身体，不要企图依靠头部拉动身体向下，而最好直接倒着身体向下活动，先用脚部接触地面。

为了帮助宝宝分清自己的活动方向，我们可以轻轻扶住宝宝的臀部，帮助他先用脚着地。

每次宝宝待在有高度的平面上（如沙发）时，我们要更多地向他展示回到地面的方法。

“我家莱奥妮看见任何东西都想往上爬。一开始，我们不允许她这样做，但是她并不理会，我行我素，我只好让她待在婴儿围栏里。她会不满地哭哭啼啼，想要我把她抱起来。可是她越来越重了，我干脆就任由她在屋子里玩耍，积累自己的成长经验。最开始的时候，她还撞到了几次桌角，但她总能迅速地安抚好自己。每当她想要爬到椅子上时，我都会站在她的身后，告诉她应该如何从椅子上爬下来。现在她已经很灵活，而我也不需要怎么担心她伤害到自己了。”32 岁的比吉特（机关职员）说道。

可以看出，这位母亲一开始也是满心忧虑，但她设身处地地思考了宝宝的感受，决定让宝宝自如地开展学习过程，熟悉周遭环境，并对自己的行动负责。

请您耐心地帮助宝宝进行上下楼梯的练习。您只需站在宝宝身后，让宝宝自己去积累经验。但您也要不断告诉宝宝，让他在下楼梯时直接把身体向后移动，免得头朝地栽倒。

如果宝宝还没有掌握到上述要领，那么他很可能在独自活动时摔倒。

等宝宝学会了爬行，他很快就会开始学习下一阶段——“坐下”阶段。与其他阶段一样，宝宝现在会继续学习挺直身体，然后坐起来，他需要将注意力更多地放在对抗重力的影响上。

一开始，宝宝会倚靠着我们的身体，然后挺直他的身体。请您不要牢牢地固定住宝宝，只需保护宝宝不摔倒就足够。如果宝宝能在学习伊始，就独立地应付自己的重力，会对宝宝的发展具有良好的影响。宝宝会不断地针对自己不同的行动做出调整，并变得格外谨慎小心。

给起身站立的宝宝提供帮助

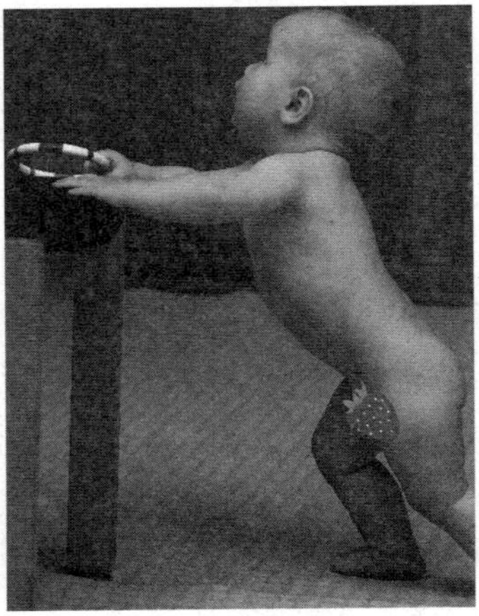

将一个玩具放在椅子上面。宝宝朝着玩具爬过去，并用双手撑着椅子来撑起身体，从跪姿转变为用双腿站立的姿势。刚开始的时候，宝宝可能还不能很好地平衡自己的重心。但渐渐地，宝宝一定会越来越稳当，他可能会先用一条腿站起身，再直起另一条腿，从而最终达到直立姿势。

“斯蒂芬已经学会了如何站起来。他活动到哪里都可以站起来，平衡也保持得相当不错。但他还没学会如何从站立回到地面，那时候他就会哭起来，或者干脆直挺挺向后倒下去。运气好的话，只是摔痛他的屁股，毕竟厚厚的尿布会削弱摔倒的冲击力。但更多时候，他会背部着地摔倒。我只好随时站在他身后，免得他倒下来。有时候，他很困、很想睡觉，却只能摇摇晃晃地站在床上，没办法躺下去，这时候他也会哭起来。我只好抱起他，帮他躺下去。但他一醒来，就又乐此不疲地继续他站起来的活动。”伊娃，这位31岁的技术绘图师说道。

对宝宝来说，让妈妈站在自己身后接住自己，其实是一件很有意思的活动。不过要提醒您的是：过多地进行这项游戏，对于宝宝的个人责任感的培养并无任何增益。

“在这个阶段里，我通常会在我儿子背后垫一个柔软的枕头，来防止他摔倒受伤。但同时我也意识到，他仍然需要找到其他回到地面的方式，而并不能总是依赖我。”这是安妮斯（27岁，实验员）的解决方法。

从站姿转变为蹲姿

宝宝倚着我们的身体站立着，这时候让宝宝握住我们的双手，然后拉着他缓慢放低身体，达到蹲姿。这个姿态可以作为宝宝回到地面躺着或者趴着的一个中间步骤。

变式 1：还有一种可行的方法，即在宝宝面前的地板上放置一个吸引他的有趣物体。在这个物体的刺激下，有的宝宝能够完全依靠自己，独立地从站姿转变为蹲姿拿起玩具，或是开始爬行。

变式 2：但不少宝宝在站立时会过分绷紧膝盖，导致他无法依靠自己弯曲膝部。这就需要我们用手指放在宝宝的膝盖后方，轻柔地向前推动，帮助他弯曲。宝宝很快会注意到，自己的膝盖现在已不再那样紧绷，于是便顺势跪下来。对于弯曲膝盖的这种行为，有些宝宝能够很快领悟诀窍，也有不少宝宝需要我们更长时间的帮助。

变式 3：您也可以尝试下述活动，先站起来，然后绷直膝盖窝（就像这个年龄段的宝宝所做的那样）。您会发现，要在短时间里改变这种僵直的姿势，并让膝盖重新恢复自由活动，是一件很困难的事情。

≈ 将重心从一只脚转移到另一只脚

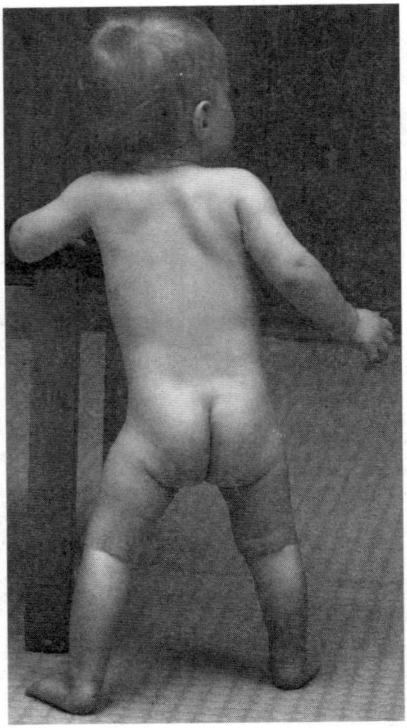

宝宝站在沙发或箱子上，我们把一个玩具放在宝宝的站立平面的上方（离宝宝的距离约为 15 厘米）。为了拿到玩具，宝宝会尝试着侧身行走。在此过程中，宝宝不断交替着将其重心从一只脚转移到另一只脚上。

≈ 攀爬到更高的平面上

目前，宝宝已经具备爬到高约 30 厘米的平面上的能力。PEKiP 小组通常会鼓励宝宝在此阶段去尝试征服一个立方体。

≈ 倚靠一面光滑的墙壁站立

如果您的宝宝已经学会了靠着椅子这类物体站立，那么他很快便会开始将一面光滑的墙壁当作倚靠对象。宝宝先是爬行到墙面前，然后扶着墙壁将身体直立起来。由于墙面十分光滑，宝宝并不能紧紧抓住墙面，而只能靠着墙壁来撑住自己的身体。

≈ 借助椅子的横木爬上椅子

在厨房的椅子上放一个玩具。受到玩具的吸引，宝宝会直起身体，弯腰向前。如果宝宝的确有兴趣继续这项活动，我们还可以用言语鼓励宝宝，让他借助椅子凳腿之间的横木来爬到椅子上。

活动中切记：**要给予宝宝必要的帮助，并且注意保护他免于摔倒坠落。**

尝试独立站立

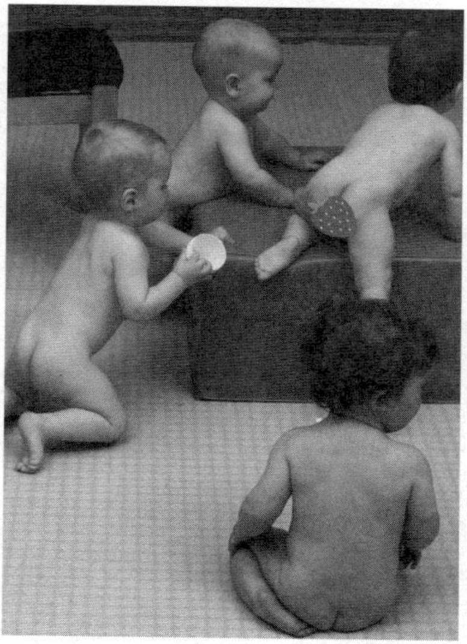

如果宝宝在站立时已经不再需要集中所有注意力来保持身体平衡，那么我们可以将手或是别的玩具递给他。宝宝会腾出一只手来抓取玩具。

当宝宝感觉到了这个姿势的安全性，他会腾出自己的双手，只用身体躯干倚靠着借力对象。

再过一段时间，宝宝就能够不借助任何外力帮助，在短时间里自如地站立起来。当宝宝想结束这种姿态时，他可以俯下身体，伸出双手撑住地面。

有些宝宝会保持着这种“狗熊式”的姿势，在屋子里活动，然后双手推着地面，再次将身体直起来，转变为站立的姿势。如果在某种平面上爬行起来并不舒适，宝宝通常会选择这种活动方式。

等宝宝满了 9 个月，宝宝大多能够在有借力的情况下，稳当地用双脚站立起来。刚开始时，宝宝的站姿还显得相当僵硬，他完全不会活动他的躯干、双腿和双脚。等过了一段时间，他的站立技巧变得更熟练，站立的安全性变得更高，他也会试着将重心从一只脚转移到另一只脚上。通常，宝宝会扶着沙发边缘，先进行侧身行走。等他已经完全掌握了如何侧身行走，他会留一只手扶着沙发（或其他物体），并转身朝向正面，开始正面的行走。

在一年的时间里，多数宝宝能够学会一边晃晃悠悠地迈开腿行走，一边张开双臂，从而让自己的身体在行走过程中达到平衡。

牵着一只手行走

宝宝已经练习了一段时间正面行走（可能在行走时单手扶墙），现在我们可以递给宝宝一只手。如果宝宝的行走发展阶段已足够成熟，他会牵起我们的手在房间里行走。我们要把手放在宝宝的胸前，这样才能促使宝宝依靠自己来保持身体平衡。要判断宝宝是否已经发展得足够成熟，即是否已经有能力进行这项活动，您可以试探性地递过去棍子之类的东西。如果这项活动对宝宝来说为时尚早，那么宝宝很快就会自己坐下去。

和其他许多活动所强调的一样，这项游戏也要注意兼顾宝宝的两侧身体，也就是说，我们要交替地牵住宝宝的左右手。

宝宝独立迈出的第一步

我们坐在宝宝前面的地板上，鼓励宝宝扶着家具走到我们怀里来。一开始，我们与宝宝的距离必须“近在咫尺”——宝宝只需自己迈出一步，就能来到我们身边。渐渐地，我们可以不断增加这段距离。宝宝会从中获得乐趣，尤其是当父亲和母亲相对坐着，并交替鼓励宝宝走到自己这边的时候。

“模仿学习”，在宝宝的发展过程中占据着重要位置，运动方面的学习也不例外。在 PEKiP 小组内，4 ~ 5 个月大的宝宝就开始接受相应的刺激，从而促使宝宝进行模仿。宝宝的兄弟姐妹和父母都是宝宝效仿的好榜样。在出生的头一年内，这些宝宝通常就能展现出令人吃惊的良好运动能力。

3.11 针对抓取物体和语言发展的刺激活动

宝宝的双手变得越来越灵活。要想如愿以偿地抓取到目标物体，身体的稳定性是一项重要前提。只有身体足够稳定，宝宝才能解放双手，自如地用手开展活动。宝宝先是开始兴致勃勃地玩耍一些小东西，如线头、面包屑和绒毛等，他伸直食指，用食指尖和大拇指握住这些小东西（对指）。快满 1 周岁的宝宝，大多已经能够使用弯曲的食指和大拇指来抓取物体（捏取 / 对捏）。

到了现阶段，宝宝特别容易被一些空心的容器类物体所吸引，如小盒子、罐子、杯子、抽屉等，宝宝会先把这些容器里的东西掏出来，然后又再次把它们填满。宝宝也喜欢玩耍各种钥匙，他先把钥匙从钥匙孔里抽出来，然后又重新插回去。

在宝宝快满 1 周岁的这段时间里，宝宝十分积极地模仿我们的行为动作。宝宝可能会拿着一块帕子擦来擦去，或是试着梳理自己的头发，又或是模仿大人吃饭的样子。

和宝宝一同用餐

到了宝宝出生后的下半年，宝宝开始越来越多地参与到家庭成员用餐的活动中。等宝宝满了 1 周岁，他基本上就能够和父母一起按时坐在桌边用餐了。在这一阶段里，除去某些细微的不同，宝宝会学习着吃和爸爸妈妈相同的食物。请您每次只给宝宝提供一种新的食物，这样您才能够确定，导致宝宝皮疹、肚子痛或是其他肠胃不适的原因究竟是什么。最短也要隔 3 天才能再给宝宝尝试新菜品。

一开始，宝宝坐起来的时间很短暂。渐渐地，就算是餐桌边的板凳，宝宝也能在上面稳稳地坐上一段时间。坐在餐桌边，身体高度和大人们基本一致，这让宝宝心满意足，因为他现在拥有了一个相当良好的视野。在宝宝出生后的第 10 ~ 12 个月里，他就已经能够独立地将盘子里的面包片喂到自己嘴里了。当然，如果这一顿饭的持续时间较长，最好还是不要让宝宝在高脚板凳上坐得太久，因为他应该也必须起来进行一些别的活动。

如果让宝宝坐上了高脚板凳，那么我们必须随时留心，因为宝宝现在正处于一个好动的发展阶段，他根本不可能不试着爬下去，而一直安心地待在座位上。

在选择宝宝的用餐区域时，我们的原则是：一定要便于清洗——无论是这块区域，或是区域里的别的东西。如果宝宝用餐区的地板上铺有地毯，您最好在上面盖一层塑料薄膜或是废报纸，免得宝宝在上面溅上污渍。宝宝在吃饭时，您不必帮忙，请让宝宝自己将食物装满勺子，然后喂进嘴里。在刚开始的时候，宝宝可能会弄得到处都是，但只要多加练习，他很快就能掌握技巧。

注意：吃饭时过多的指责，很容易毁掉宝宝的胃口！

请不要总是强迫宝宝把盘子里的食物吃个精光，这会破坏宝宝天生的饥饿感和饱腹感。

这个年龄的宝宝都喜欢玩水（液体）。一开始，宝宝也会玩耍液体的食物。您可以自己体验一下——可可和粥流下桌子的方式是否一样。显然，这两者的流动是有区别的。目之所及的各种物品，宝宝都急切地想要去探索、感受并理解。米饭的感觉和奶酪不同。而如果用手指按压黄油，宝宝则会发现它是软塌塌、滑溜溜的。如果宝宝不再吃东西，只玩耍着食物，那么您现在可以收拾桌子，把东西端

走，因为宝宝的行为已经表明——他已经不饿了。

实际上，宝宝并不需要专门使用那种儿童用的可弯曲餐具。使用和我们差不多的餐具，宝宝也能开心地学会如何吃东西。只要给予宝宝机会，让他积累足够的经验，那么就算是杯子这类易碎、易滑的东西，宝宝也能够逐渐学会如何小心翼翼地使用它们。当然了，给宝宝拿一个儿童用的杯子，宝宝学习的难度自然会更小一些。等宝宝已经能够很熟练地使用这个杯子喝水，我们就可以让宝宝使用不带盖子和把手的广口杯了。

“我逐渐发现，要端端正正地将杯子从桌子上拿下来，然后再把它倾斜地送到嘴边，对我女儿来说还相当困难。实际上，她现在还完全没法找准杯子所在的方向。于是我总是把她的杯子放在固定的一把椅子上，让她能准确地看到杯子在哪儿、杯子里面是什么，然后再稳稳当当地端起来，这样她就不会将杯子里的东西洒得到处都是。”（达娜，32岁，书商）

宝宝也会观察母亲。妈妈把牛奶从瓶子里倒进了杯子，于是宝宝也拿起牛奶瓶，模仿着妈妈那样，把牛奶倒出来。但是只有妈妈才能做到这件事，宝宝现在还做不到，他只是一心想要模仿妈妈的行为。请您向宝宝解释您的行为，然后帮助他将牛奶倒进杯子里。

宝宝很喜欢模仿大人的行为。渐渐地，总有一天，当宝宝的发展已经足够完善，他也会井井有条、从容不迫地坐在桌边用餐。

宝宝总是想要参与到我们的所有活动中，因为他希望成为能够为这个集体出力的一分子。包括在我们帮助宝宝穿脱衣服的时候，也能发现他愈发高涨的参与热情，尤其当我们这样说话时：“来，把这只手臂递给我，这样就能帮你把毛衣穿上啦！”在现阶段，宝宝更偏向于坐着或站着换衣服。

“我在熬果汁时，会让托马斯拿着密封圈玩耍。现在不需要我寸步不离地看着他，他就能够自己照顾好自己。有时候，等我在屋子里走一圈，我会发现，他在屋子里的每扇门的内外把手上都挂上了一个橡胶圈。一扇门都没落下，就连公寓大门外面也有。我很为他的这种创造力感到开心。他的专注，他的坚持，都让我备受感动。”（莉泽尔，31岁，社会工作者）

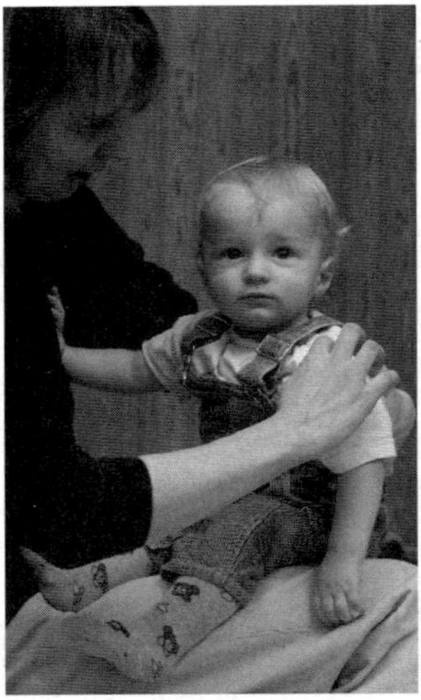

让宝宝自由地按照心意摆弄各种东西，让他观察周遭的各种活动并进行模仿，最终告诉他，每样东西的用途实际上是怎样的，这些对宝宝的发展来说都至关重要。

但也要记住这个道理：授之以鱼，不如授之以渔。

如果您看到宝宝拿着马桶刷清理饭锅，也不要太过惊讶，很可能是因为宝宝之前看到过您用马桶刷清理厕所。每种刷子的具体用途之间的“细微”差别，还要假以时日，宝宝才能够最终明白。

毫无疑问，宝宝有时候的活动会触及您的容忍底线。让宝宝明白，并非他们所有的行为都能获得您的认同，有些行为会惹恼您，这对宝宝来说并不是一件坏事。宝宝也必须明白任何事情都有一个“度”。有的“度”需要他理解着学习，而有的则是他必须直接接受的。

摆弄家里的日用品

宝宝会对各种日用品表现出经久不衰的兴趣。如果某些日用品易碎，或是容易产生危险，例如，小刀、剪刀和叉子，那么我们最好利用其他东西，如勺子、锅、空罐子或是盖子等来吸引宝宝的注意力。

针对每种物体，人们都会有不同的“对待方式”：勺子是需要被握起来的；锅则要用双手从其外侧紧紧抓住；而个头较小的空罐子，人们只需用大拇指和食指配合，就可以将它拿起来。

现在，这些日用品的趣味变得远甚于那些“儿童专用”的玩具。宝宝会尝试朝着这些物体施加自己的影响。他会试着将一个锅叠到另外一个锅里，或是将锅盖放在锅的上面。宝宝用勺子敲打锅，发出响声。宝宝总是在这种活动里兴趣盎然，意识不到我们并不会因此开心，只会感到非常恼怒。

请您任由宝宝做出各种各样的尝试吧，因为宝宝正在其中发挥着自己的想象力。有时候，他也会被自己产生的噪声吓一跳，因为他向来总是待在一间安静的屋子里玩耍。

尽管我们要让宝宝有机会随心地开展他的游戏，但我们同时也要记得告诉他，每样东西是做什么的，我们会拿它进行什么活动。如果我们能让宝宝有更多机会观察我们的实际操作，宝宝也能够从中学到这些物品的用途。他也会享受和父母的亲密距离，热情地观察监护人的行动，并随后进行模仿。您对宝宝的表扬，会让宝宝的模仿和记忆功能变得愈发强大。

请您让宝宝有更多机会去玩耍这些日常生活中的用品，只是一定要注意，不要让他受伤。

我相信，您在做家务的时候，肯定有很多可供宝宝玩耍的材料，例如，空的塑料瓶、工具盒或是收纳盒。您在进行家务时，可以尝试着让自己像宝宝那样倾听、观看和感受。那么您一定很快能够发现，宝宝究竟最爱哪些东西。

说出物体的名字

我们要告诉宝宝不同物体的名称，这样他才能够更好地了解不同物体，如勺子、罐子和杯子。

我们坐在桌边，然后说："这里是勺子。好，我现在把勺子放到罐子里啦。"宝宝会一边做一些简单的动作，一边尝试从嘴里发出简单的词汇发音。在和宝宝进行共同的活动与游戏时，我们也要同时跟宝宝说话。再过一段时间，我们就可以试着鼓励宝宝做出具有特定含义的动作了，如："请把那个勺子给我。"

撕纸

给宝宝拿一本旧画报之类的东西。宝宝先是仔细端详它，小心翼翼地翻页，然后不知道从哪一刻起，他便开始将里面的纸揉成一团，接着撕碎。宝宝觉得这个活动很有趣，他很喜欢揉纸、撕纸时发出的声音。

用水灌满容器

宝宝在浴缸里泡澡时，我们可以给他各式各样的杯子玩耍。宝宝会用浴缸里的水将一个杯子灌满，然后又倒进另外一个杯子里。宝宝不断重复这项游戏，并且越来越热忱。请您尽可能多地给宝宝提供各种玩水的机会。

~ 把东西放进碗里 / 把东西从碗里拿出来

请您在一个塑料碗里放满衣夹。刚开始的时候，宝宝只是一味地把碗里的东西一股脑儿地全倒出来。渐渐地，宝宝开始逐个拿出衣夹，然后过一会儿又放回碗里去。这种能力是循序渐进地学会的。请您不要让宝宝独自玩耍衣夹，他很可能会把皮肤夹伤。

您也可以在碗里放一个勺子。请您观察宝宝从碗里拿出勺子的方式和他从锅里拿出来的方式有何不同。

~ 尝试钥匙的用法

现阶段的宝宝可能对钥匙格外感兴趣。您可以给宝宝一个带锁的抽屉，把钥匙也留给宝宝研究。

一开始，宝宝可能只懂得不断地把钥匙从锁孔里拔出来。但逐渐地，宝宝将学会如何将钥匙重新插进锁孔里。等宝宝满1周岁后，他便开始尝试用钥匙打开上锁的抽屉，或是锁上抽屉。

~ 抓住炒菜勺子

到了宝宝出生后的下半年，他开始学习用双手去适应物体。宝宝在抓取炒菜勺子时，请您一定要仔细留心他的手。如果您使用了不同方式（垂直 / 水平 / 倾斜）来拿勺子，那么宝宝也会模仿您那样转动手部，来适应勺子的不同位置。宝宝可能会先张开手掌再进行转动，这样他才能够更好地握住这个物体。

~ 将两块积木叠起来

对我们成年人来说，堆叠物品似乎轻而易举。但对宝宝来说，这项活动却十分困难，需要其身体的良好配合能力，而这种能力要在宝宝差不多满 1 周岁的时候才能够完全成型。

要完成这项活动，宝宝需要学习：

- ☑ 将拿着物体的那只手朝向特定的目标位置活动（例如，朝着另外一块放在地上的积木移动）。
- ☑ 转动拿着物体的那只手，以配合另一个物体的位置。
- ☑ 当手里的这块积木已经来到另一块积木的上方时，停下手的动作。
- ☑ 在恰当的时候松手，让积木落下去。
- ☑ 把手拿回来，在此过程中不触碰到积木。

每一个动作都是对宝宝能力的挑战。宝宝也会不断练习，直到他终于能够成功完成这 5 个步骤。

将物体从开口处丢进去

请在一个纸箱子上凿一个洞，大小要足够积木或其他玩具通过。请您向宝宝展示，如何将物体从这个洞里投进去，并鼓励他进行模仿。

宝宝拿着这个物体，将手一直移动到洞口处。但是常常会出现宝宝不把东西丢下去的情况，究其原因，一是可能宝宝还未掌握松手的动作；二是可能宝宝不想离开这个玩具。您要鼓励宝宝将物体松开，但是最终的决定权必须在宝宝自己手里。

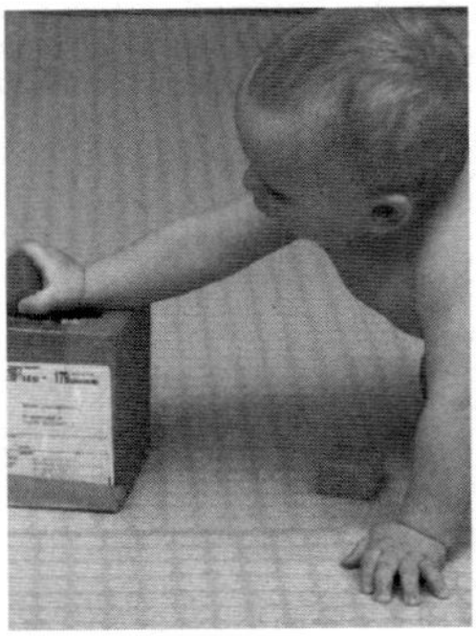

总有一天，宝宝会爱上将东西丢进纸箱子的活动。但是您要记得留心，不要让宝宝总是用同一只手抓着积木。

将棍子插进洞里

给宝宝一个塑料瓶和一根棍子。我们先看看宝宝会用这根棍子做什么，然后我们再向他演示，如何将棍子从瓶口插进去。

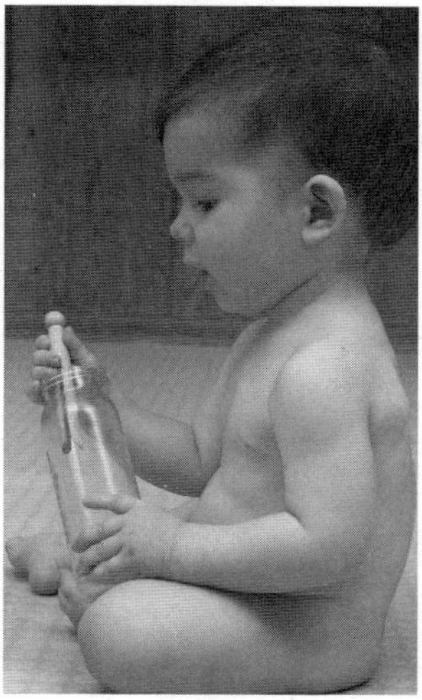

这项活动的难点在于，宝宝必须抓紧棍子的一端，然后将另一端塞进瓶口，且过程中必须让棍子和瓶口平面保持垂直。宝宝需要反复练习，才能最终掌握这个游戏。

~ 将物体从大小刚好合适的开口处丢进去

在纸箱上裁剪出各种形状不一的缺口，可能是方形的、长方形的，或是圆形的。我们用这种方式来增加游戏的难度。当然，您可以先裁剪出圆形开口，因为将圆形积木对准这个圆形开口的难度是最低的。

您要做的只是准备道具的这一步，剩下的事情则交给宝宝自己去尝试和完成吧。如果宝宝在游戏中表现出了不耐烦，你可以用语言鼓励他。切忌急于求成，催促宝宝尽快完成游戏。要知道，宝宝总会在某个时刻突然领悟到如何将东西准确塞进去的诀窍。

把一块或数块积木放在纸箱里，摇晃得哗啦作响，也会让宝宝兴奋不已。

~ 将一个物品放进另一个物品里

10 ~ 12 个月大的宝宝会对中空的物体格外感兴趣。宝宝将手指或手掌伸进盒子、罐子里，探索这些中空物体的内部。

宝宝的这种兴趣表明，他现在开始不仅只关注“长度”和“宽度”，还开始注意起了第三维度，也就是“深度”。我们可以给宝宝拿几个圆形的碗。宝宝会尝试伸手进去，容量稍大的酸奶杯也能够让宝宝进行一次轻松的探索。

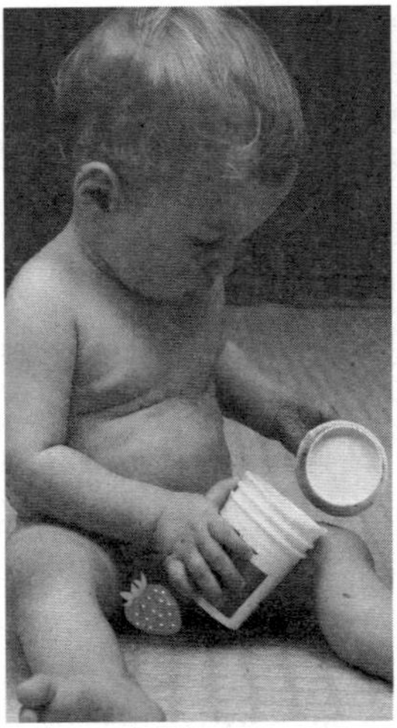

如果我们给了宝宝一大一小两个碗，那么宝宝只能把小碗放进大碗，而不能反过来。如果宝宝的玩具是不同大小的一系列空心小方块，那么宝宝在玩耍中会明白，要想把这些小方块挨个叠起来，不仅要按大小顺序进行排列，还必须将方块的每个边对齐才可以。要把这些小方块挨个插在一起，宝宝的双手还必须进行非对称运动：一只手起主要作用，另一只手则作为辅助；一只手抓住大的方块，而另一只手则把小方块插进去。

宝宝用他的左手还是右手来承担活动的主要角色，从原则上来说是无所谓的。通过这种活动，宝宝的左右手都得到了同等的练习，那么宝宝在将来学习写字时，两只手都可以自如运用，否则等宝宝成年后，要改变用手习惯是较为困难的。到今天，大家仍然鼓励有些被“矫正”着使用右手写字的成年“左撇子”继续使用左手拿取物体。

请您多多鼓励宝宝参与不同的活动，并让宝宝自己抉择用哪只手来解决不同的问题。

玩耍空箱子

让宝宝玩耍空箱子，可帮助宝宝熟悉“深度”这一概念。宝宝或许会把手伸进箱子，把箱子装满，把箱子掏空，将箱子倒扣在自己的头上，或是突然钻进箱子里站立、坐下。

我们也可以把宝宝装在箱子里，然后推着箱子在屋子里活动，这会让宝宝获得许多乐趣。如果您还能在箱子上绑一根绳子，那么这会让宝宝十分满意。他很喜欢牵着绳子、拖着箱子到处跑。

~ 熟悉各种易碎品

现在的宝宝将开始学习用不同的方式对待不同的物体。球是可以扔开的，但餐盘却需要小心翼翼地端起来。如果我们允许宝宝自由玩耍我们的日常用品，会让他倍感幸福。

一般来说：

- ☑ 5个月大的宝宝，他希望能够触摸、抓握物体，从而获得理解。这是宝宝非特定的物体接触阶段。
- ☑ 接着，宝宝会根据自身能力和现实可行性来对待不同的物体。这属于宝宝特定的物体接触阶段。
- ☑ 到了宝宝出生后的第10～12个月，他们通常会模仿成年人的行为来对待不同的物体，这属于宝宝社会化的物体接触阶段。

~ 给予和获取

递给宝宝一个玩具，念出玩具的名字，并说道："别——客——气。"然后让宝宝把玩具拿走。随着宝宝年龄的增长，当我们要求宝宝把玩具还给我们时，他们会学着将玩具递回来。一开始，宝宝总是把手也递给我们。等宝宝差不多满了10个月，他会学会松开手，只把玩具给我们。有意识地松开玩具，再交还给我们，这对宝宝来说，是智力发育过程中非常重要的一项成就。

等宝宝把玩具还给我们，我们也要记得对他说"谢谢"，然后再次把玩具递给他。宝宝很喜欢重复这项游戏。他会在此过程中学习到，他大可放心地把东西赠予他人，因为他不久后又会以其他方式再次拥有。此外，我们在游戏中不断地重复“不客气”和“谢谢”，也会让宝宝觉得十分有趣。

将圆环或镂空的球体、圆盘、方块从棍状物体上穿过去

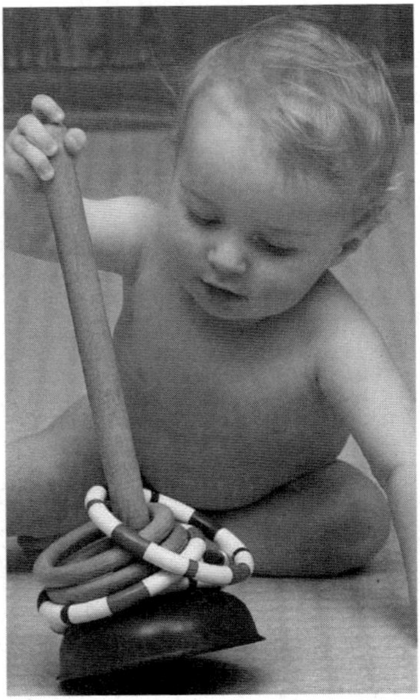

我们可以递给宝宝一个长柄的搅拌勺，让宝宝把窗帘环这类东西穿上去。要不了多久，这把勺子就足以让宝宝自娱自乐。他会把各种圆环、镂空的圆盘、球体和方块从长柄上穿过去。

宝宝在游戏中逐渐发现：他不仅能把多个东西组装成一个，还能倒过来，在不损害物体的情况下，又将这个“整体”拆解成许多“个体”。这便是最早期的创造性（设计性）游戏活动。

堆积木

一开始，宝宝只能用积木搭出单维度的平面图案。这时候，宝宝不会堆叠积木，而只是把积木挨个拼在一起。宝宝还经常会把视野里的所有椅子、瓶子，挨着摆在一起。在此过程中，宝宝获得的是有关几何和物理的经验——尽管这并非宝宝有意识地追求得到的。宝宝还能从中更好地感受到“因果关系”的体现。例如，如果他用手指使劲敲打积木，那么他会感到疼痛，但敲打毛巾则不会。

玩耍沙子

给宝宝一些机会去积累有关“沙”的经验。沙子，和宝宝成长至此认识的其他物品相比，它显得格外与众不同。沙子干燥的时

候，它会从手指间溜走；而如果是湿润的，它又会粘在手上。

鼓励宝宝用沙子填满各种小模具，这也是一种创造力的（设计性）游戏，宝宝能从中获得更多的创造体验。

~ 模仿

10 ~ 12 个月大的宝宝尤其喜爱模仿他人的行为。有些宝宝喜欢伴随大人的动作一起做，而有的宝宝只是单纯喜欢大人在他面前表演，但他自己却不怎么想要模仿。

现在也正是让宝宝积极地参与到照顾自己的活动中的一个好时机。给宝宝买一个儿童牙刷，我们一边刷牙，一边鼓励宝宝效仿着我们学习自己刷牙。给宝宝拿一块小毛巾，让宝宝自己用毛巾擦拭他的小脸。而在穿衣服时，宝宝的参与度也越来越高，直到宝宝能够完全独立地穿脱衣服，我们自然也会十分满足。表扬宝宝是必不可少的哦！

~ 捉迷藏

陪着宝宝一起坐在地上，然后将一个玩具藏在一块毛巾、一个碗、一个枕头下，或是藏在桌腿或我们自己的身后。等宝宝领悟了这项游戏的诀窍后，他会学着将玩具找出来。

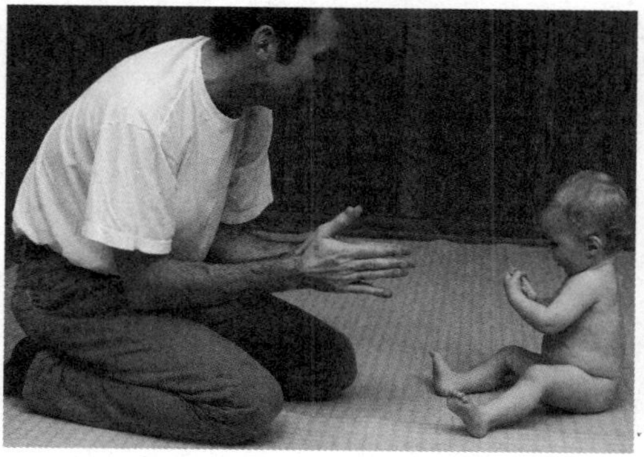

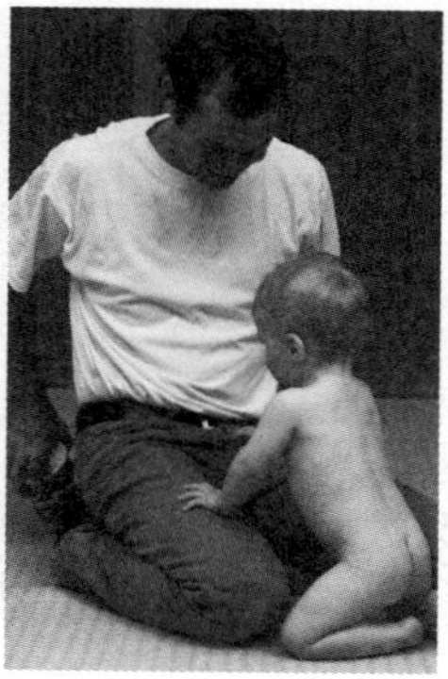

将藏在罐子里的毛巾抽出来

在罐子的盖上打开一个洞，将一根绳子或毛巾放入其中，绳子或毛巾的一头要稍微从洞口露出来。鼓励宝宝伸手去扯里面的绳子或毛巾。

图片上的小宝宝，正津津有味地抓住露出的毛巾一角，不断地将其从罐子里扯出来。

用笔涂涂画画

拿给宝宝一支笔、一张较大的纸，让宝宝在您的看管下涂涂画画。

等宝宝快满 1 周岁的时候，宝宝开始产生使用“工具”的思维，例如，用绳子将玩具拉到身边来，或是利用拉扯桌布的力量来拿到桌子上面摆放的东西。掌握事物间的这种关联，对其做出相应的反应，这都需要宝宝具备极大限度的专注度，以及协调、配合各种感官的能力。

重复单词，改变单词

通过观察来了解宝宝现在能够发出哪些音节。为了引起您的注意，表达自己的诉求，宝宝已经可以发出如“妈妈、爸爸”这类简单音节。在宝宝的语言发展过程中，宝宝的发音方式会随时出现不同的差异化表现。有时候，宝宝需要将精力更多地集中在学习新的运动机能上，那么宝宝可能会在这段时间里放弃尝试某些有难度的声音。部分疾病也会导致宝宝的一些运动能力和发音能力在暂缓后才能再次出现和继续进化。

在正式开始说话之前，宝宝已经能够在一定程度上理解我们的对话。由于我们对不同单词有不同的重读发音，或是发音时有相应的表情和手势，宝宝就学着理解我们所要表达的意思。在出生的头一个月里，宝宝还只能理解具体情境下的语言。如果我们坐在厨房的桌子边，对宝宝说“张开嘴”，那么这时候宝宝就能够明白我们要他做什么。对不到 1 周岁的宝宝来说，具体情境、手势、表情，都属于表达含义的“词汇”。

请您多和宝宝说话！

您可以尝试一些简单的句子，且不必对其进行删减。随着宝宝年龄的增长，他逐渐会更好地理解您话语的含义。

我们要为宝宝发出的每种声音赋予一种含义，这样才能够促进宝宝的语言发展，并帮助宝宝将不同的发音与不同的概念进行对应。

- ☑ 宝宝会理解每个单词所包含的意义，例如，“狗”这个单词是指会“汪汪”叫的东西。不过宝宝只有先在图片上认识了“狗”是什么，然后才会进一步了解到“狗”会发出“汪汪”声。
- ☑ 单词的读音是由各种音节构成的，而宝宝现在已经能够顺利发出这些音节。
- ☑ 宝宝最早学会的单词，通常是与他的生活具有最密切关系的一些词汇，例如，家庭成员、动物等。
- ☑ 在宝宝学习说话的起步阶段，最好的方法是尽量让宝宝用某一个音节组成某个单词，例如，让宝宝学着念出“妈妈”——妈妈也一定会因此感到开心。

"安克坐在他的小跑车里，我们推着他散步。他好奇地环顾周围的房间，然后嘴里不断念着'Dulada'。我便低头问他，是不是想说'房子'，结果却并不是。我费了好些力气，还是没能理解他说的'Dulada'是个什么东西。过了一会儿，他站在我们房间的床边朝外看去，又嘟囔着'Dulada'。于是我也站到他身旁去，看向他看的方向，这才发现，原来他指的是房顶上的天线！我把他带到另一间屋子，然后又指着窗外别的房顶上的天线，对他说'Dulada'，他一下子容光焕发，似乎很开心我终于领悟了他的意思。后来在很长一段时间里，'Dulada'在我们家，都是天线的代名词。"（莉泽尔，31岁，社会工作者）

成年人可以负责将宝宝的各种声音与不同的事或物进行配对，例如，"heia"代表"睡觉"，"hamham"代表"吃饭"。这样，宝宝能够很快理解这些"词汇"代表的含义，并将词汇与事物进行一一对应，或是根据自己的语言能力来改变这些词汇。

在早期阶段，这些"婴儿化口语"是很适合宝宝的语言发展的。但随着宝宝年龄的增长，我们要开始将"婴儿化口语"转变为事物原本的名称(概念)，这样才能让宝宝逐渐学会这些事物真正的名称(概念)，例如，"对，我们把狗狗的叫声称为'吠'，它发出的是'汪汪'的声音"。

观看儿童绘本

我们可以给宝宝看一本儿童绘本。您一边指着绘本上的事物，一边演示着，向宝宝做解释，例如，您可以学狗叫或是模仿汽车发出的轰鸣声。要不了多久，宝宝也会学着像您一样进行模仿了。

如何选择绘本？

原则应是：绘本上的每一页最好仅有一种物体的图画。图案必须简洁明了，颜色鲜艳，且最好都取材自宝宝生活环境中最常见的物品，如椅子、房子、狗或苹果这类东西。

早期使用的绘本要尽量避免有锋利的棱角，最好是塑料、厚纸板或木制的，因为宝宝还会用嘴去感受和探索这些绘本。这个年龄的宝宝很喜欢将东西喂到嘴里尝尝，从而了解其味道和触感。

抓住小东西

我们在手上放一把豆子或玉米粒。鼓励宝宝采用手指的对指或对捏姿势，从我们这里捏起豆子或玉米粒。如果宝宝抓起豆子就往嘴里塞，您一定要告诫他——您并不希望他这样做。

图片里的宝宝正聚精会神地将玉米粒放进针线盒里。

3.12 展望宝宝的人生第二年

待宝宝独立地迈出了人生“第一步”后，他仍然还需要大量时间来改进自己的行走。请给宝宝提供更大的空间，或者干脆让他在户外自由地走动。

现在，宝宝终于有了对鞋子的需求。

何时才是宝宝开始穿鞋的恰当时机？

大概是宝宝正式开始在户外奔跑玩耍的时候。鞋子能够有效避免宝宝受到寒冷、潮湿、脏东西的侵袭，保护他不受伤害。

您可以在宝宝走路时仔细观察他的双脚。如果地面凹凸不平，宝宝的脚也会为了平衡而做出调整。在爬坡时，宝宝的双脚会舒展开来，他的脚趾不断地活动。因此，如果太早就给宝宝穿上鞋子，很可能会妨碍宝宝更好地感受自己的脚部活动。

在为宝宝选购鞋子时，一定要注意仔细测量宝宝双脚的长度和宽度。一双鞋底柔软、运动灵活的鞋子，能够让宝宝在行走中展现出更好的反应能力。

切记，宝宝鞋子的尺寸绝对不可偏小。绝对不要让宝宝穿哥哥姐姐剩下的鞋子，因为宝宝的脚部特点总是各不相同的。尽管给不断发育着的宝宝购买新鞋子有些昂贵，但在这方面绝不能够省钱：**一定要让您的宝宝穿上最合脚的鞋子，这样他以后才不会被一些脚部损伤所困扰。**

如果宝宝行走的路线上有一些障碍物，您要及早提醒宝宝注意它们，并观察宝宝要如何解决这些障碍。只有当宝宝可能出现危险，或是宝宝实在不能解决这个困难，并开始出现紧张、害怕情绪时，您才应当插手帮助他。

☑ 千万不要“过分保护”宝宝，例如，直接把这些障碍物清扫掉。请您给予宝宝自主解决问题的机会。

☑ 但也不要过分强求宝宝。如果他的确有需要，并向您寻求帮助，请您如宝宝所愿施以援手。

在出生后的第二年里，宝宝会逐渐学会翻过障碍物，踢开球体，在起伏的地面上行走，以及一边提着或拖着东西一边行走。

留给宝宝足够的时间去探索吧！就算他只是在原地呆呆地站着，或是表现出了对困难的退缩。

如果您在秋天里带着宝宝出门散步，那么可以让宝宝在一堆堆落叶中打滚、玩耍。宝宝会喜欢这些飘零的落叶的，他们甚至会忘记时间，您也一定会因此感到开心。如果宝宝还不能自己走路，那么我们也可以把他抱到落叶里。大多数宝宝都很喜欢这项活动，总是津津有味地投身其中。如果您的宝宝还有点害怕，那么请您坐在他身旁，陪伴他一起玩耍。

在出生后的第二年里，最有利于宝宝成长发展的是：让宝宝多与同龄的宝宝交往。宝宝一起玩耍，相互学习，并获得共同的快乐。

如果您的宝宝不愿意和您分开，您可以陪在他的附近。但如果您越是强制宝宝分开，宝宝反而会更加黏着您。

总有一天，宝宝会自愿地离开您（即便是暂时的）。只要宝宝逐渐发现，这种分离具有它特有的意义，而其实您也不愿意和他分离，那么宝宝自愿离开的这一刻或许会到来得更早一些。

在出生的第一年里，能让宝宝和亲近的人保持长久的、亲密的联系是很重要的。针对那些已满 1 周岁的宝宝的刺激建议，您可以在我的另一本书——《小小儿童探索世界》中找到答案。

如果宝宝还小，要让他朝着地里扎根；如果宝宝已经长大，就让他在天上飞翔吧！

PEKiP 的基础

4.1 PEKiP 能给予您什么

PEKiP 是一个以小组形式开展、提供教育学思想建议的组织，它为那些不到 1 周岁的宝宝的父母提供支持。您可以在许多机构中看到 PEKiP 小组的影子，如家庭教育中心、成人教育中心、各种新教和天主教教会社区、红十字会（DRK）、工人福利会（AWO）、共同福利协会（DPWV），或是社区活动中心、儿童保护协会、生育中心、助产中心、医院、保险公司以及儿童早期干预中心等。当然，有时候也有私人的 PEKiP 支持供您选择。PEKiP 项目的课程皆在 PEKiP 小组长的领导下进行——他们均为接受过良好高级培训的社会教育专业人员。

PEKiP 小组通常包含两个部分：游戏情境环节和父母讨论环节。小组活动内容全部以 PEKiP 各项刺激建议为指导，力求满足父母和宝宝的多种需求。年轻父母参加 PEKiP 小组，能够获得与其他相似家庭进行及时沟通的机会。

英格丽德 ·H，24 岁，宝宝出生前她一直是一位职业女性。她这样说道："我们家卡塔琳娜出生后，我和宝宝爸爸都觉得有些孤立无援。熟悉的朋友们都没有小孩，没法帮助到我们，而亲戚们又都住得很远。但在 PEKiP 小组，我终于认识了与我们情况相似的宝宝妈妈。在家长互助夜里，父亲们通常也会到场。到目前为止，我们已和另外两对父母建立起了深厚的友谊。"

除了能为宝宝提供多种支持发展的刺激建议，PEKiP 小组活动还经常会与父母就宝宝的具体发展情况进行日常沟通，例如，宝宝的营养、睡眠情况等。参与小组的父母能够有更多机会学习新的育儿知识，并在家里进行实践。父母之间还有机会相互传授一些解决冲突的办法。比如说，父母会在小组活动的指导下，学着让醒来的宝宝采用俯卧姿势趴着玩耍，从而促进宝宝的运动积极性。

安格莉卡（已婚，34 岁，育有一子）这样说道："一开始来参加 PEKiP 小组时，我是将信将疑的。我的儿子在家总是哭个不停，让我心烦意乱。PEKiP 的小组长对我的烦躁表示了理解，然后告诉我——或许陌生环境能够帮助菲利普稍微转移一下注意力，使他平静一些。他也提到，如果这个方法不奏效，那也很正常。我回家后，便把我那哭个不停的儿子抱到一个温暖的房间里，把他的衣服全部脱掉。我发现他一下子变得很自在，还使劲地手舞足蹈起来，也不再哭闹。尽管他某些时候还是会哭啼，但现在我觉得——就像小组长和小组里其他父母的想法那样——这也没什么大不了的。现在，我总会在家里多开一个暖炉，菲利普常常在下午某个时段开始哭泣，我就帮他脱掉衣服，陪着他玩耍。渐渐地，他也不再那样频繁哭泣了。"

PEKiP 小组里的父母共同营造了一种开放的、富有信任的、轻松的氛围，并在其中进行深入的沟通交流，这里最重要的议题自然也是"育儿"。父母在此讨论遇到的困难，他们的担忧和不自信都逐渐得到化解。多愁善感？自责情绪？在这里都能够在很大限度上得到减弱甚至消除。

克劳迪娅（已婚，30岁，第一胎）说：“克拉拉肠胃胀气的问题非常严重。我时常叩问自己，为什么偏偏是她如此受苦？我有时候会很自责，猜想是不是因为她在出生后没能及时吮吸到母乳。那时候她被安置在保育箱里——在那里肯定很容易感冒的！但那时很难让她吮吸到母乳，尽管我也不知道原因是什么。”

在小组活动中将这些消极感受表达出来，能有效地帮助母亲卸下重负。例如，另外一个母亲就表示：尽管宝宝一出生她便喂了母乳，但宝宝仍然有哭闹不停的问题。

PEKiP 小组还会讨论到父母的不满情绪。例如，宝宝总是在半夜醒过来，父母常常会因为宝宝的吵闹而变得怒气冲冲。将这类似的负面情绪宣泄出来，承认并讨论它们，有助于亲子间成功地建立起更良好的关系。

伴侣双方在育儿过程中应当扮演怎样的角色？这也是一个重要的议题——夫妻双方如何理解这个问题，如何解决这个问题，都值得讨论。稍显遗憾的是，许多父亲由于工作繁忙，不能在工作日前来参加小组活动。因此，我们也特意在周六专门为父亲们提供指导活动。不少 PEKiP 小组长甚至会贡献出自己的整个周末，来为某个家庭提供全面、细致的帮助。小组长常常会和父母讨论亲子游戏、饮食搭配以及其他许多日常问题。

有时候，在深入探讨某个话题后，不少家庭之间会升华出小组外的友谊，并组织独立的活动。

“我家宝宝快3岁了，加入 PEKiP 小组也快3年了。我们这些妈妈每周都会带着小孩聚会一次。现在宝宝正要开始幼儿园报名，结果我们大家却突然得到消息，说今年已经没有宝宝入学的名额了。我们已经给宝宝做好了上学的准备，也做好了自己重返职场的准备。我们联名给市长写了一封信，然后带着宝宝去了市政府，告诉负责人说——要是不给我们提供足够的幼儿园名额，我们只好每天都去政府抗议、申诉。但说实话，如果只有我一个人的话，我可能只会嘴上生气，却很难实际做出什么。和媒体打交道的这段时间让我们大家都乐在其中，我们现在正在讨论选择一家新的幼儿园。人多力量大嘛！”

（比吉特，33 岁，技术绘图员）

如上所述，不少组员之间都衍生出了坚实的友情，他们会在许多问题上互帮互助。例如，某位母亲生病了，别的母亲会赶来帮忙照顾宝宝。

PEKiP 小组长也会努力让参与者感到舒适和放松——无论是父母还是宝宝。尽管亲子的需求时常有较大的分歧，但我们仍希望尽量同时满足他们的需求。

埃尔克（已婚，36 岁，育有一子，宝宝 4 个月大）曾在之前的某次小组活动上告诉我：“今天我们真的好累，只想躺在床上。”我端详着这对母子，发现埃尔克眼下满布黑眼圈，看起来的确相当疲惫,但她的儿子米尔科却容光焕发、精力充沛。我不得不问道：“你们俩，到底是谁累了？”

埃尔克看了看米尔科，无奈地坦白道：“真被你猜中了。米尔科一点都不累，是我筋疲力尽。他昨晚醒了 4 次，我真是困得要死。”

“那就先让米尔科跟其他小孩玩一会儿，你稍微休息下吧。”

米尔科开心地光着身体玩耍。他俯卧趴着，饶有兴致地看向别的宝宝。等埃尔克精力稍微恢复了一些，她便又投入陪宝宝玩耍的活动中去了。

身处小组的轻松氛围中，父母也能更好地满足宝宝的需求。因为在家时，父母常常还需要为其他事情分心。丰富多样的共同游戏，促使成人和儿童之间发展出积极的关系。

PEKiP 小组长将全身心地帮助每个宝宝挖掘独特的潜能。借助丰富多彩的游戏，母亲和宝宝相处得更融洽，也更加信任宝宝的能力。只有宝宝的情感得到了充分照顾，他才能够专注在学习上。图片中的宝宝正确认母亲是否在眼前，他和母亲始终保持着眼神接触。

亲密的距离对这个年龄的宝宝来说非常重要。宝宝总是能立即注意到母亲起床的动静，然后惊醒。只有当他再次听到母亲那熟悉的声音，确认母亲现在正在身旁，宝宝才能再次平静下来。

父母总是不由自主地拿自家宝宝和别人家宝宝做比较。看到自家宝宝发展良好，他们会感到自豪。但如果宝宝发展势头稍弱，父母也不必过于担心，因为宝宝的发展仍处于“正常”范畴之内。有些父母一旦发现自家宝宝不如别人家宝宝好动，就立马忧心忡忡地不得了。要知道：每个宝宝都有自己的长处和短处。PEKiP 小组长的作用正是发掘、增强宝宝的优势。

母亲们，记得和 PEKiP 小组长一起仔细观察宝宝，您说不定会发现：显得不那么好动的宝宝，要么在“言语”领域表现出了优势，要么在精细运动机能方面发展格外良好，要么就是注意力能够格外集中。

而有些宝宝的运动发展速度稍慢，可能是因为天性好静，或是因为父母的性格本来也都较为文静。

造成宝宝发展迟滞或发展障碍的原因可能是多样的。如果宝宝的确出现了这方面的症状，PEKiP 小组长会鼓励母亲们迅速就医，不要拖延。

要接受自家宝宝不可能做永远的“状元”，这个过程难免是刺痛的。但只要父母能及早理解、接受这种事实，调整好心态，不向宝宝施加过分的压力，那么宝宝以后也能够更好地接受自我——自己的特点、自己的短处，即自己的全部。

通过参加 PEKiP 小组，父母将欣喜地看到宝宝的每一步成长。此外，我们也会尽可能地减少参与者（父母、宝宝）之间的竞争和比较。

玛丽安·V，34 岁，原本是一名社会工作者，现在处于兼职状态。她目前是两个宝宝的母亲，对于为何再次带着宝宝前来参加 PEKiP 小组，玛丽安如此回答道：

“在家的时候，我很难花费足够的时间来陪伴延斯，因为我害怕他的姐姐妮可吃醋。毕竟延斯出生前，我的注意力都在她的身上。因此，我只好让我母亲每周三早上来家里帮我照顾一下妮可，这样我才能全身心地陪伴延斯一会儿。来参加 PEKiP 小组，还能让延斯跟别的同龄儿童一起玩耍，之前妮可在小组活动里度过了一段快乐的时光。我跟其他妈妈相处得也很好，这也让我更有兴趣来参加活动。”

PEKiP 小组长会指导母亲们按照宝宝的发展阶段来开展最适合的游戏，并教授她们各种促进宝宝运动和感官能力的刺激活动。PEKiP 小组的工作人员将尽量进行一对一的指导，以帮助亲子时光达到事半功倍的效果。工作人员将先对宝宝做一番仔细的观察，然后告诉母亲们如何根据宝宝的条件，来对宝宝现阶段发展提供支持，同时还将帮助母亲们减轻心中的担忧。

只有通过不断的重复，“经验”才能转换为“记忆”，从而储存在大脑中。母亲们熟悉各种刺激活动是一回事，让宝宝参与其中又是另外一回事。对宝宝来说，重复某项游戏，要比不断开始新游戏要有意义得多。这种重复对于宝宝的大脑发育有着不可或缺的作用。

4.2 PEKiP 能给予宝宝什么

PEKiP 小组的活动能够让宝宝充分地乐在其中——尤其是当他们刚经过一番酣睡、精力特别充沛的时候。因此，参加活动的时间可以是灵活的，只要宝宝感到了疲倦，迟到、早退都没有关系。在规律地参与小组活动一段时间后，宝宝会逐渐熟悉这里的空间、周围的小朋友，以及其他的成年人。

如果活动时间有较大变化（比如需要间隔一周），那么就需要父母不时地提醒宝宝新的活动时间，让宝宝重新适应新的节奏。对那些总是无法定期参加活动的宝宝来说，也是如此。

大部分宝宝都会在脱光衣服活动时感到更舒适。通常，要想配合宝宝的活动，您自己也需要进行持续、剧烈的运动。但只要母亲们全神贯注，将一腔爱意慢慢倾注于和宝宝共度的时光里，那么宝宝也会深深地沉醉其中。

这些刺激活动对我的宝宝来说具有什么意义？

就这一点而言，我想举这样一条刺激活动作为例子来进行说明：让宝宝打直身体，倚靠在我们的上半身。

- ☑ 宝宝能够学会一种新的身体姿势，并利用这种新姿势积累关于周围环境的新经验。
- ☑ 通过和母亲进行亲密的身体接触，宝宝变得安心。基于这种安全感，宝宝才能够更好地去探索新世界。
- ☑ 为了保持这种姿势，宝宝必须平衡自己的重心，并尽可能地挺直自己的头部和躯干。
- ☑ 宝宝能够更自在地环顾四周。
- ☑ 宝宝可以专注自己的手臂和手部活动。
- ☑ 宝宝可以对不同的小孩和大人做出不同的反应。
- ☑ 通过注视和触摸，宝宝能够逐渐与他人建立联系。

到了出生后的第 12 个月左右，宝宝便开始能够用愉悦的声音

与笑容来展现出自己对小组的喜爱，他们也开始接纳周围的同龄宝宝。宝宝之间的交流联系，也逐渐成为 PEKiP 小组活动的又一重头戏。

针对婴儿间沟通的一项研究表明：

- ☑ 宝宝会专注地注视着其他宝宝。
- ☑ 一旦别的宝宝有所动静，宝宝的眼神也会跟着移动。
- ☑ 宝宝用眼神锁定另外一个宝宝，然后一边移动头部和身体，一边向那个宝宝挥动手臂或双手，来引起对方的注意。再过一段时间，宝宝便能够熟练地爬向别的宝宝。
- ☑ 宝宝会努力地朝着别的宝宝伸直手臂。要不了多久，他就能够有目的地伸手去抓别的宝宝了。
- ☑ 宝宝相互观察，发出各种声音“交头接耳”。
- ☑ 一旦有一个宝宝哭起来，其他宝宝通常也会和他“站在统一战线”，全都开始放声大哭。
- ☑ 宝宝会相互微笑，他们能够理解彼此的表情。
- ☑ 宝宝会凝神观察着彼此的活动，相互模仿，一起乐在其中。
- ☑ 宝宝会各自用双手、手臂或是身体接触彼此。有时候，宝宝的触碰显得没轻没重，此时就需要家长在一旁帮助宝宝将力道放柔和一些。
- ☑ 宝宝总能够以这种方式玩成一片：某个宝宝想要拿到玩具，其他宝宝可能会相互传递这个玩具，从别人手上夺走玩具，或是把玩具牢牢抓在手里。

宝宝对于新事物的接受能力，宝宝之间的相处方式，都时常让我感叹不已。

4.3　PEKiP 课程在实际操作中的情况

PEKiP 小组能够提供覆盖宝宝整个 1 周岁的支持，而这些支持在各个 PEKiP 机构中被具体划分为 2 ～ 4 门课程。课程包括 8 ～ 15 人的亲子聚会和一次到数次的父母互助夜。一般来说，小组内成员在一年里始终保持不变，通常最多有 8 位家长带着小孩前来参加。如果成员超过 16 人，活动会变得过分“热闹”，这会超过宝宝的承受能力。只有小组规模小一点，小组长才能更好地为每个宝宝和母亲制定最适宜的策略。

参加课程的宝宝需至少已满 4 ～ 6 周，且都已经接受了出生后的 3 次预防体检。趁早参与 PEKiP 小组，可以让父母尽早获得与宝宝相处的有关建议与帮助，并帮助他们与其他父母建立良好的交流和联系。另外，尽早参加课程还能够充分利用到新生儿的反射活动（例如，抚摸宝宝的手部）。

PEKiP 每周开展一次课程，课程时间约为一个半小时。原则上，PEKiP 小组不设置固定的上下课时间，旨在最大限度上将不同宝宝的需求放在首位。每次课程开始时，小组会留给宝宝足够的时间来观察别的宝宝，相互熟悉，并让宝宝重新适应他们的活动空间。课程时间会尽量安排在宝宝早上或下午的清醒时间里。如果宝宝在活动时间里睡着了，请不要唤醒他，您可以和别的母亲稍做交流，并尝试学习课程里教授的各种游戏，以便在家里独立开展活动。

和宝宝在家里重复 PEKiP 小组提供的各项游戏是很有用的。

PEKiP 小组开展活动的场地必须足够温暖，这样宝宝才能够脱光衣服玩耍。

对于有缺陷的宝宝，在和医生协商一致后，父母依然可以带着他们前来参加 PEKiP 小组。但这有利有弊：一方面，这些宝宝的父母在就宝宝的问题和其他家长进行交流后，压力会有所减轻；另一方面，其他宝宝迅速成长，而自己的宝宝却发育迟缓，父母也会因此倍感压力。

4.4 附近是否有可参加的 PEKiP 小组

PEKiP 小组分布在德国的各个地区，在国外的某些地方也偶尔能看到小组的身影。想具体获悉附近的 PEKiP 小组，您可以向 PEKiP 协会进行咨询。

也许会出现您家附近没有 PEKiP 小组，或是小组已经满员的情况。那么请您另辟蹊径，尝试着直接去接触、认识一些有宝宝的年轻父母。在散步时，在游乐场或是在超市里，只要看到有母亲带着和您家宝宝差不多大小的宝宝，您大可上前与这位母亲攀谈，并询问她们是否有兴趣以后也定期一起出来散步、交流。

海德莱，一位 31 岁的书店老板，有一个 2 岁的宝宝，她对一个朋友说道："差不多一年前，附近邻居家的一位妈妈来问我是否有兴趣加入她的亲子活动团体。我觉得这是个好主意，于是我们 4 个母亲带着宝宝每周在家附近见面一次。几个妈妈之间交流得很顺利，宝宝也逐渐熟悉起来，越来越爱在一起玩耍了，他们也不像一开始那样总是争吵。要是没有参加这个小组活动，我的女儿卡洛琳肯定要腼腆内向得多。"

如果您的确羞于直接和他人搭讪，您也可以询问一下商店店员、儿童医生、药剂师等人，他们能够接触到前来购买儿童用品或药品的父母，或许可以请他们帮忙张贴一个小纸条，吸引那些和您家宝宝差不多大小的宝宝的父母来参与到您的散步或“闲谈”活动中。

您也可以借助于当地的报纸、杂志等。在报纸上刊登一则关于您的情况和愿望的消息，并附上您的电话号码。在父母经常阅读的（育儿）杂志上刊载广告也是可行的，只要让其他的年轻父母能够注意到您的信息即可。您自己也可以时常翻阅报纸、杂志上的各种广告信息。

在和其他父母聚会的过程中，切记要为你们的小组团体制定好相应的规则，例如：

- ☑ 在小组中，每一位家长都必须有同等的决定权和责任。
- ☑ 小组的目标必须明确。你们是想要一个偏向宝宝一起做游戏的小团体，还是一个父母们坐下来讨论的小团体？
- ☑ 小组聚会的时间要固定，场所要尽量是中立性质的。对此，您可以询问教区、幼儿园、学校、青少年福利中心或其他组织是否有可供使用的场所。
- ☑ 要在小组里敞开胸怀。这样您才会发现，其他父母也会敞亮地对您的问题表达自己的看法和观点。

4.5 PEKiP 的历史发展

PEKiP 提供的各项支持宝宝成长发展的刺激活动和游戏，均由布拉格心理学家雅罗斯拉夫·科赫博士研发。雅罗斯拉夫·科赫博士一直以来都致力于研究宝宝的发展过程中最具意义的刺激活动。

1910 年，科赫出生在维也纳，后来在维也纳研习了心理学。直到 1979 年科赫去世，他一直都任职于布拉格母婴中心。20 世纪 50 年代，科赫以被托管在托儿所的儿童为对象，展开了研究，并发现：宝宝出生后的第一年，对于宝宝的发展有着无可比拟的重要性。此后，他也继续从事着有关生活在托儿所、家里的未满 1 周岁的宝宝发展差异的研究。

1969 年，在图宾根的一次心理学会上，科赫发表了其有关“早期的运动刺激对于婴儿的运动机能发展和心理发展的影响”的研究结果。

“要想唤醒宝宝身体里蕴藏着的发展潜能，我们必须及早开始。宝宝年龄越小，将其潜在的发展可能性转变为现实的概率就越大。尽量早地给予宝宝相关的教育刺激，对宝宝的整个人生发展都具有非同寻常的重要性：这些刺激与宝宝将来人格的形成、能力的发展、经验的获取都有着紧密联系。宝宝的发展可能性在将来是能够得以实现，还是一直处于被掩盖的状态，直至消失，都要看这个阶段里是否给宝宝提供了足够的教育刺激和支持。”（科赫，1969）

在研究中，科赫将视角投向运动刺激的作用上，并从宝宝出生起便开始持续关注宝宝相应的运动机能发展和心理发展。

按照科赫的观点，现如今的婴儿显然十分缺乏运动。我们总是让宝宝长时间地待在床上或婴儿车里，给他们穿上紧绷绷的衣服，用尿布把他们裹得紧紧的，那么宝宝一出生，就很难进行自由活动了。科赫认为，比起穿着整齐的宝宝，光着身体的宝宝能够进行更多的本能性活动。

科赫在涉及运动刺激时提到了一种**"运输假说"**：

> "原始文明时期，人们被迫将婴儿带在身上，四处活动。那时候的母亲很少有机会将婴儿放在某处。这种'运输'活动，实际上正是对刚出生宝宝的一种强有力的运动刺激。被举起来，被抱着 / 背着，被移动位置，被放下——对婴儿来说，这些都是丰富的身体锻炼，宝宝必须为这些活动做好准备。这种'运输'性的活动，远比长时间静静地躺在小床上要舒适，也更适合发展中的宝宝。这种'运输'活动让母子在哺乳以外，继续拥有很多亲密接触的机会，也让宝宝有机会更多锻炼其注意力和反应。"（科赫，1969）

科赫为参与其研究的、未满 3 个月的宝宝提供了各种游戏，从而模拟真实的"运输情境"。可惜的是，科赫彼时并未想到可以将宝宝用婴儿背带背 / 抱起来。

针对 4 ～ 6 个月大的宝宝，科赫则主要施加一些唤起宝宝抓握反射和推挡反射的刺激活动。

"满 7 个月后，宝宝会学习爬行，并最终学会站立、行走、跑动。在'运动教育'中，促进宝宝手部的精细运动机能发展是必不可少的一部分。"

为宝宝提供刺激活动时，我们的目的不应当只在于让宝宝完成活动中的动作。通常，这些刺激游戏要么是某种方向性活动的一部分（例如，宝宝为了看见东西，转动自己的头部），要么是达到某个目标的一种手段（例如，宝宝通过“爬行”来拿到玩具），要么是嵌入某种有趣的社会情境中的活动。

“我们只选取那些会让宝宝积极参与其中的活动——我们绝不会考虑那种只能让宝宝被动地、毫无积极性地参与的活动。”（科赫，1969）

为宝宝提供刺激活动时，也要交替着进行使用玩具玩耍的游戏和促进亲子间社会接触的游戏。科赫认为，只要宝宝在游戏中表现出了消极反应，家长就应当立即中断游戏。

科赫每天都会选取一整段宝宝清醒的时间（30 ~ 60 分钟）来和他们玩耍，这些宝宝大多是由于各种各样的社会原因而被托管在托儿所的。宝宝一醒过来，他们就会被喂食，然后被脱光衣服。活动的房间会被加热得足够温暖。

在 1969—1972 年间，科赫共计研究了 3 组宝宝。第一组由 10 个宝宝组成，他们都寄住在母婴所里，科赫每天都花时间陪他们玩耍。第二组则由生活在自己家里的一些宝宝组成。在捷克斯洛伐克，母亲可以在宝宝出生的第一年里一直陪伴着宝宝，因为众所周知，一个稳定的监护人在宝宝的这一发展阶段里有多么重要。母亲只要满足了某些条件（如定期前往母婴所接受教育和指导），就能够获得一笔教育资金。

对于这些母亲，科赫一边为她们提供在家陪伴宝宝玩耍的方法，一边研究这些宝宝的运动发展情况。科赫在研究中选取了 20 个这样的宝宝。

此外，还有一组被作为研究对象的宝宝。他们的母亲未曾得到过专门的指导。

结果显示，受到了系统性的游戏训练的宝宝，发展势头明显更加良好。科赫在研究中得出的一项主要成果是：**进行系统性的、有目的的、基于科学的、及时的粗大运动机能和精细运动机能的刺激，能够对未满 1 周岁的宝宝的发展产生良好的积极影响。（科赫，1976）**

那些定期进行游戏训练的宝宝，他们能够迅速建立起睡眠时间和清醒时间的良好节律。他们会表现出极其平稳、满足的情绪，并在进行游戏时表现得积极和快乐。积极的情绪会逐渐主导宝宝的各种行为。他们也会比别的宝宝更少患病。

1969—1975 年间，科赫及其研究受到了大众关注。除了一些相关的科普文章、宣传手册以及学术专著外，当时还有几部与科赫研究有关的短片上映。

4.6 PEKiP 在德国的兴起

1964 年，克里斯塔 · 鲁佩尔特在维也纳的一次学术会议上结识了雅罗斯拉夫 · 科赫博士。1969 年，科赫在图宾根的一次心理学学会上发表了自己关于早期运动刺激的研究。在儿童教育咨询中心的工作中，克里斯塔 · 鲁佩尔特注意到应该“未雨绸缪”，也就是在宝宝的问题变得严重到需要前来咨询之前便采取预防措施的重要性。

要想更多地接触和了解那些刚有宝宝诞生的家庭，科赫的研究似乎恰好是一个非常理想的途径。鲁佩尔特是波鸿新教高等专科学校（建于 1970 年）的教授，其研究重心是发展心理学，她打算进一步发扬光大科赫的研究成果。鲁佩尔特联系了一所家庭教育中心，父母们会在宝宝出生前在此接受有关婴儿护理和孕期锻炼的指导，等宝宝出生后，他们还会继续收到邀请，鼓励他们带着宝宝前来和其他父母聚会。1973 年年初，克里斯塔·鲁佩尔特与艾丽卡·罗彻（Erika Roch）合作，为那些年轻父母提供最早的课程——结果大受欢迎。

在一次校友聚会上，克里斯塔·鲁佩尔特询问我是否有兴趣加入她的这项事业。在旁听了她的一次小组活动后，我于 1975 年在波鸿的一家市立家庭教育中心开设了我的第一批课程，并命名为**“游戏与运动”**。

与此同时，6 位社会教育工作者、社会工作者和教育家组成了一个小组，他们将亲子小组活动与克里斯塔 · 鲁佩尔特在高校里开展的研究做了进一步的结合。不断地观察这些亲子小组，我们认识到，父母花费时间陪伴宝宝、观察宝宝、与其他家长分享经验是多么重要，而这种亲子间的亲密互动能让宝宝多么快乐。因此，一种新形式的教育小组由此诞生，它针对的是所有未满 1 周岁的宝宝和他们的父母。

“布拉格亲子计划”这一名称，是在一次持续数天的工作会议上敲定的。**我们希望告诉大家，PEKiP 是专为未满 1 周岁的宝宝和父母设置的特别组织，其工作重心在于：**

☑ 支持宝宝的成长发展。

☑ 促进母亲或父亲与宝宝的互动。

☑ 增强父母间的交流联系。

☑ 推动（同龄）宝宝间的交流。

正如伍珀塔尔综合大学的教育学教授，汉斯·鲁佩尔特（Hans Ruppelt，1935 — 1987) 博士在一篇有关 PEKiP 的论文中所描述的那样，这 4 条重点的重要性不分伯仲。汉斯 · 鲁佩尔特曾领导数次有关 PEKiP 的科学研究工作（例如，儿童间的交流联系，1986）。达娜 · 库巴尼博士则以 PEKiP 小组提供的录像资料为基础，在其 1998 年发表的博士论文中详细研究了母子间的行为，并得出结论：随着时间的发展，母亲能够越来越敏锐地对宝宝做出反应。

由于人们对 PEKiP 小组的需求日益增长，PEKiP 的创始人于 1978 年决定，通过德国社会工作职业协会向大众提供以成为 PEKiP 小组负责人为目标的培训。1988 年，PEKiP 的几位创始人正式成立了 PEKiP 协会，以满足不断增长的培训需求，并逐渐形成了独立的机构。

迄今为止，已有超过 2300 名社会教育专家人士通过各种非营利性组织以及其他组织，如工人福利会、德国红十字会、共同福利会、新教和天主教教会社区、柏林参议院、费尔森维格基金会（Felsenweg）等参与到 PEKiP 小组负责人的培训工作中，其中约有 1600 名人员目前正负责领导着 PEKiP 项目中的 860 所机构。

我们的培训分为多个阶段，其中包括 PEKiP 项目的理论与实践，以及关于未满 1 周岁的宝宝及其父母的综合知识。此外，培训内容还包括在 PEKiP 小组的旁听、实习，以及在 PEKiP 培训师监督下进行的实践导向型阶段。最后，PEKiP 小组负责人会获得相应的 PEKiP 证书。

信任保证

1992 年起，PEKiP® 这一名称正式受到专利保护。在参与 PEKiP 小组时，您可以完全放心，因为我们的小组负责人均通过了严格的培训，完全具备给未满 1 周岁的宝宝保驾护航、为您提供专业指导的能力。

未经过 PEKiP 专门培训的人员，绝对禁止借用 PEKiP 或“布拉格亲子计划”的名号开展工作。